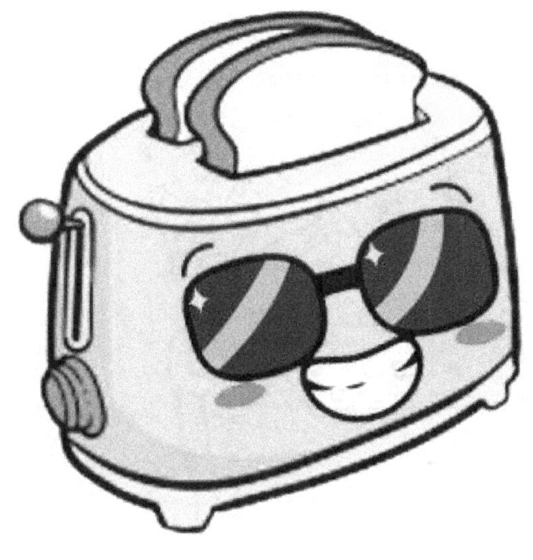
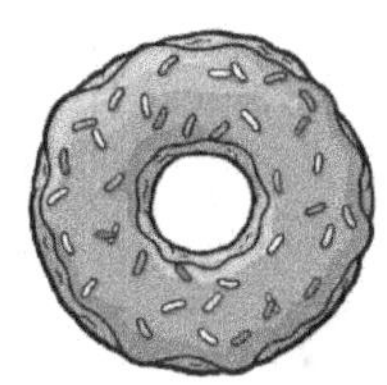
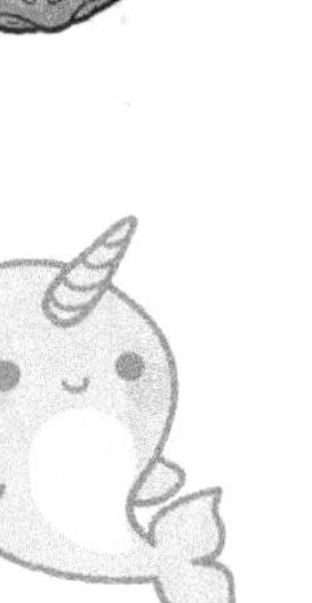
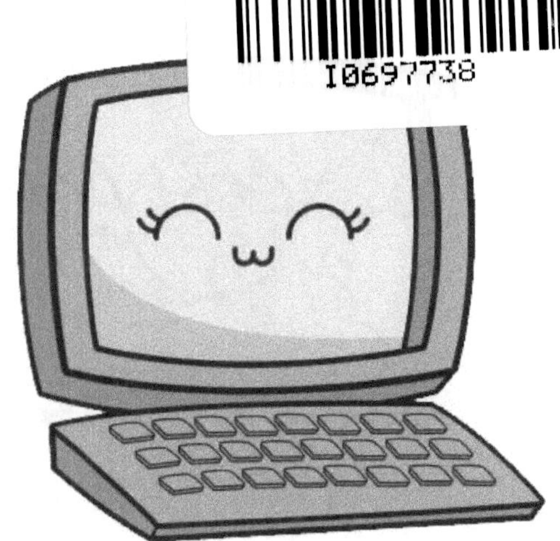

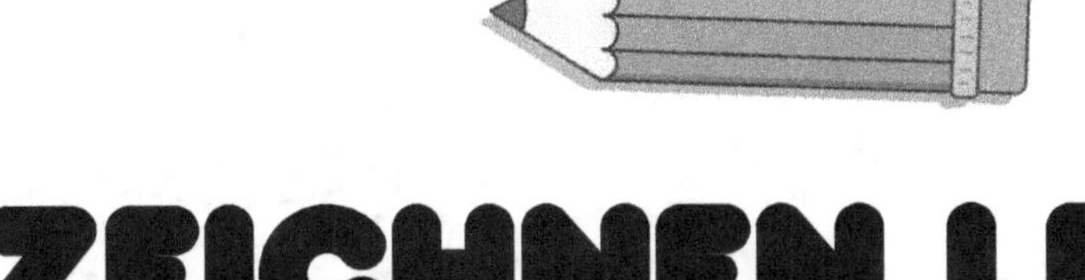

ZEICHNEN LERNEN

101 SÜSSE

ZEICHNUNGEN

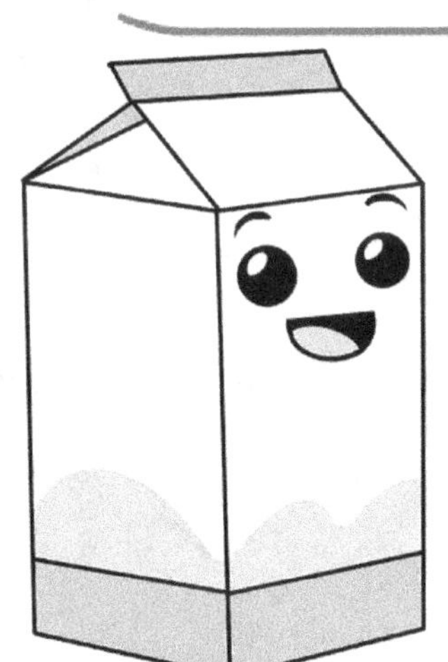
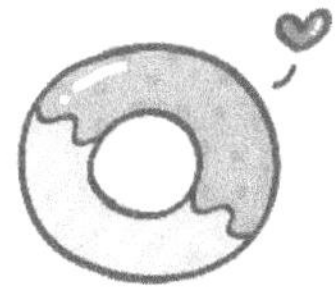
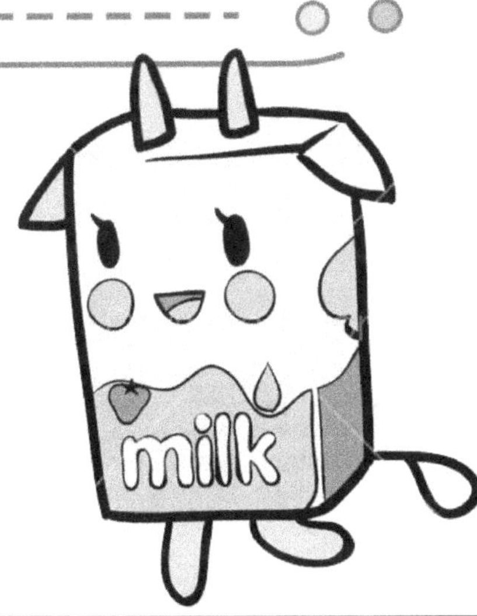

NAIMA PRESS

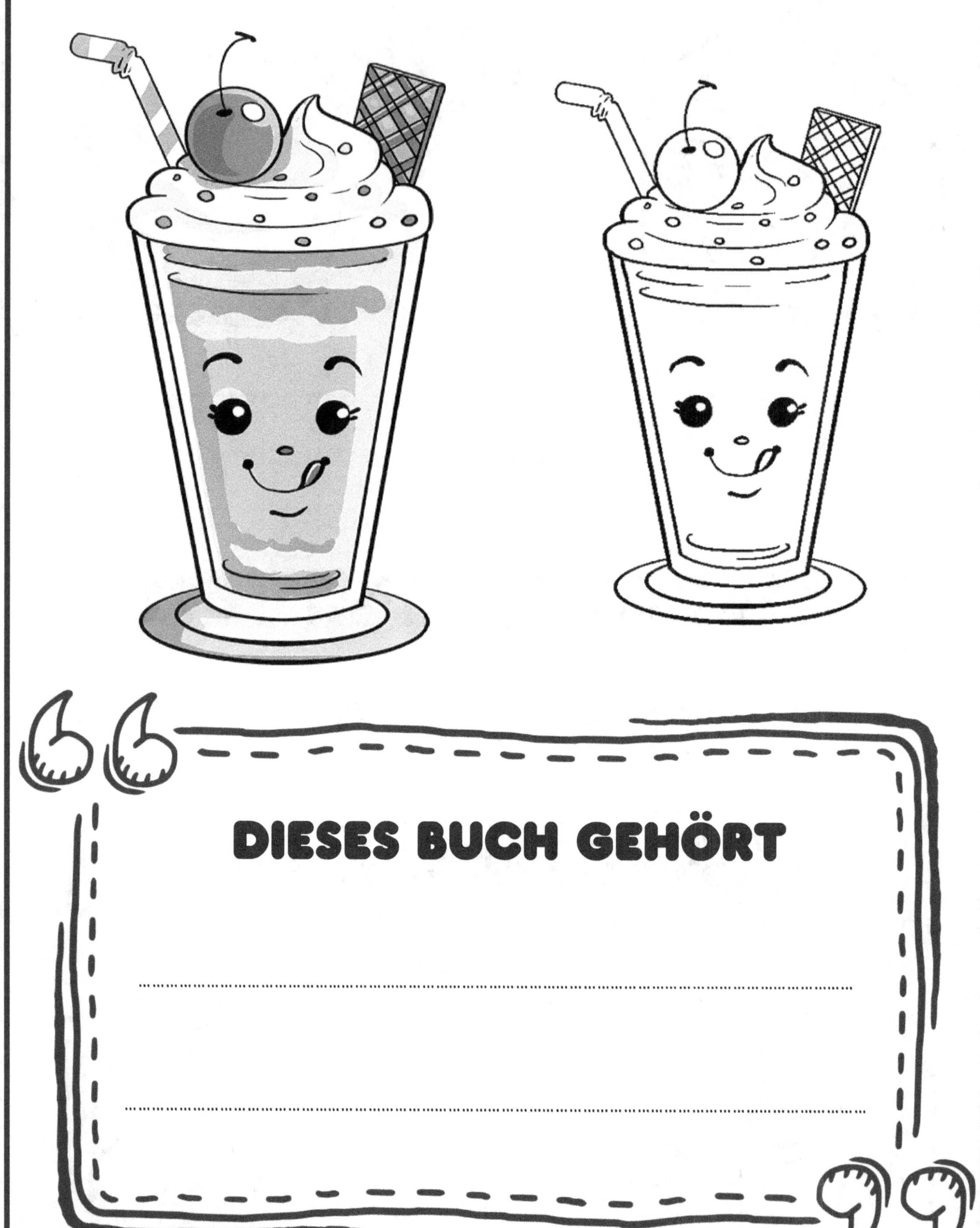

DIESES BUCH GEHÖRT

101 SÜßE ZEICHNUNGEN

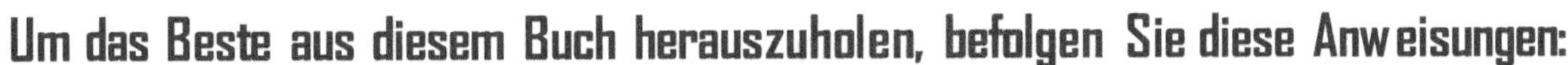

Anleitung zur Verwendung dieses Buches:

Um das Beste aus diesem Buch herauszuholen, befolgen Sie diese Anweisungen:

1. Bereiten Sie Materialien wie Stift, Papier, Buntstifte oder andere geeignete Werkzeuge zum Zeichnen vor. Die Auswahl der Materialien ist von Person zu Person unterschiedlich.

2. Suchen Sie sich einen ruhigen, gut beleuchteten Ort, der Konzentration und Kreativität fördert. Stellen Sie sicher, dass es die Konzentration und Vorstellungskraft fördert.

3. Akzeptieren Sie die Bedeutung einer ruhigen und friedlichen Umgebung für ein optimales Zeichenerlebnis.

4. Lassen Sie Ihrer Fantasie freien Lauf und lassen Sie Ihrer Kreativität während des gesamten Prozesses freien Lauf.

5. Fühlen Sie sich frei, die Grafiken mit jedem Element zu ergänzen, das Sie für richtig halten.

6. Beginnen Sie damit, die Schritte sorgfältig zu befolgen und stellen Sie sicher, dass Sie jeden Schritt zeichnen.

7. Wenn Sie alle Schritte abgeschlossen haben, fahren Sie mit dem Ausmalen der endgültigen Zeichnung fort.

8. Erstellen Sie Namen, die Sie ansprechen und Ihren Kreationen eine zusätzliche Bedeutungsebene verleihen.

Lasst die künstlerische Reise beginnen!

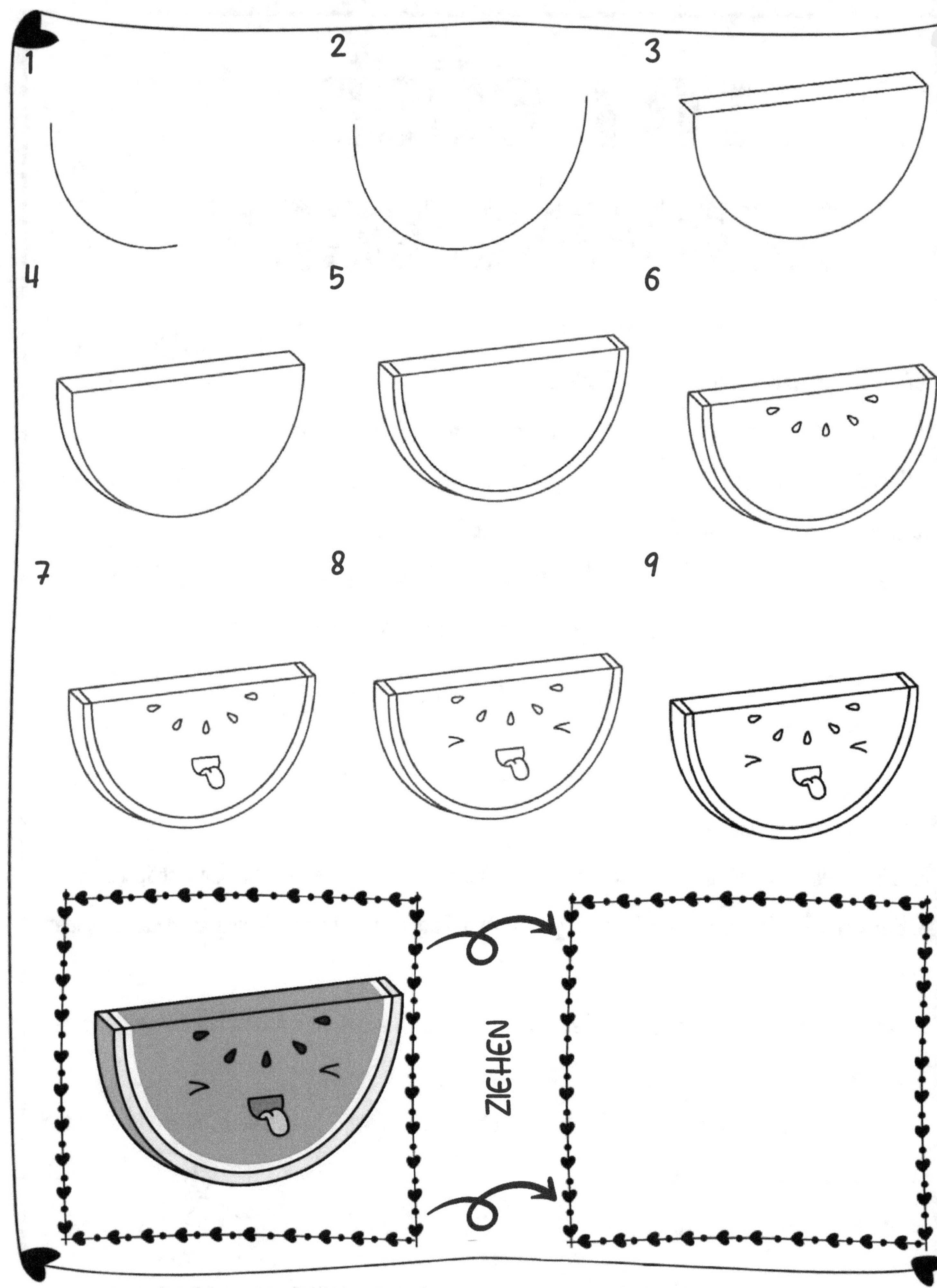

1
2
3
4
5
6
7
8
9
ZIEHEN

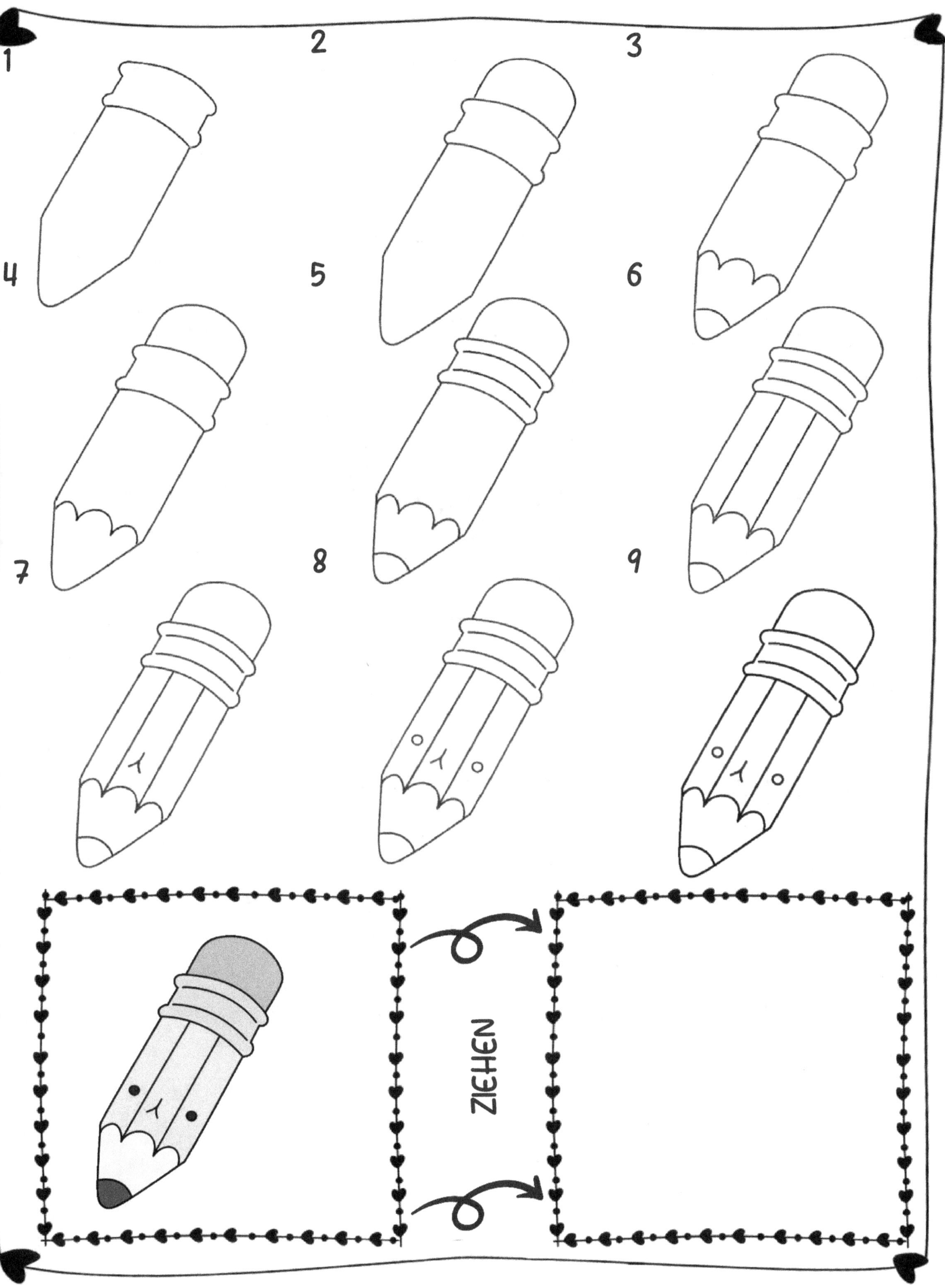

1
2
3
4
5
6
7
8
9
ZIEHEN

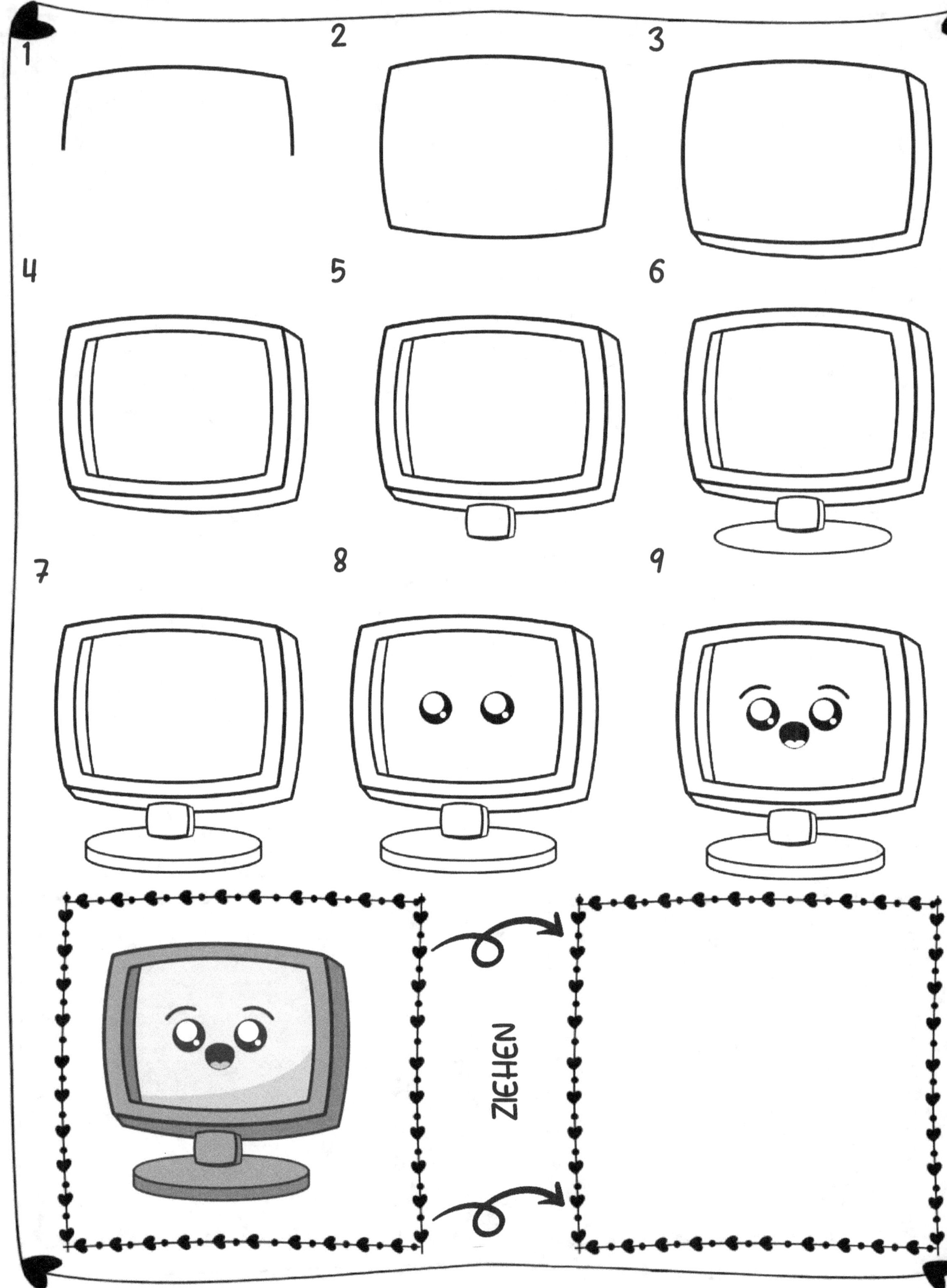
ZIEHEN

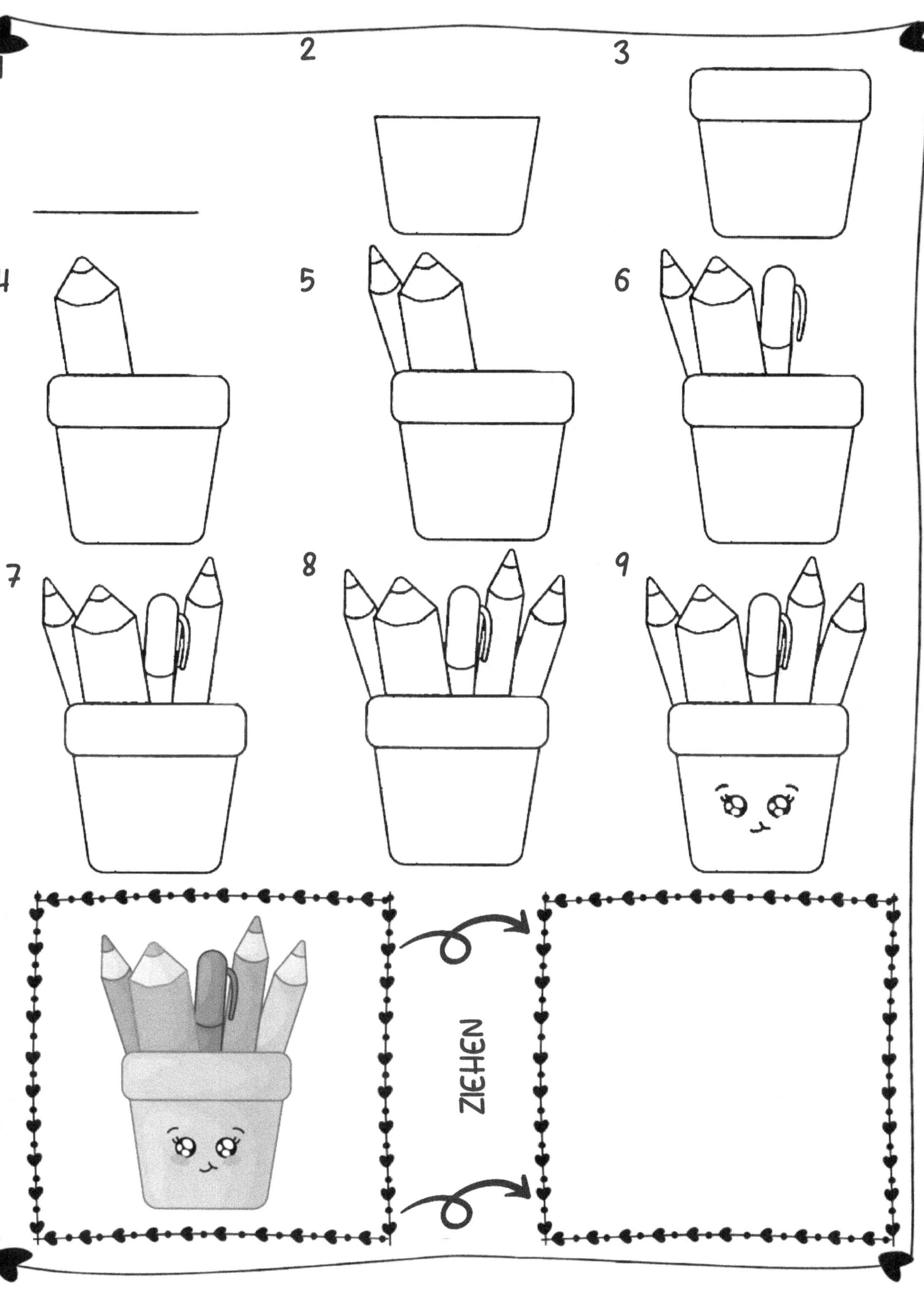

1
2
3
4
5
6
7
8
9
ZIEHEN

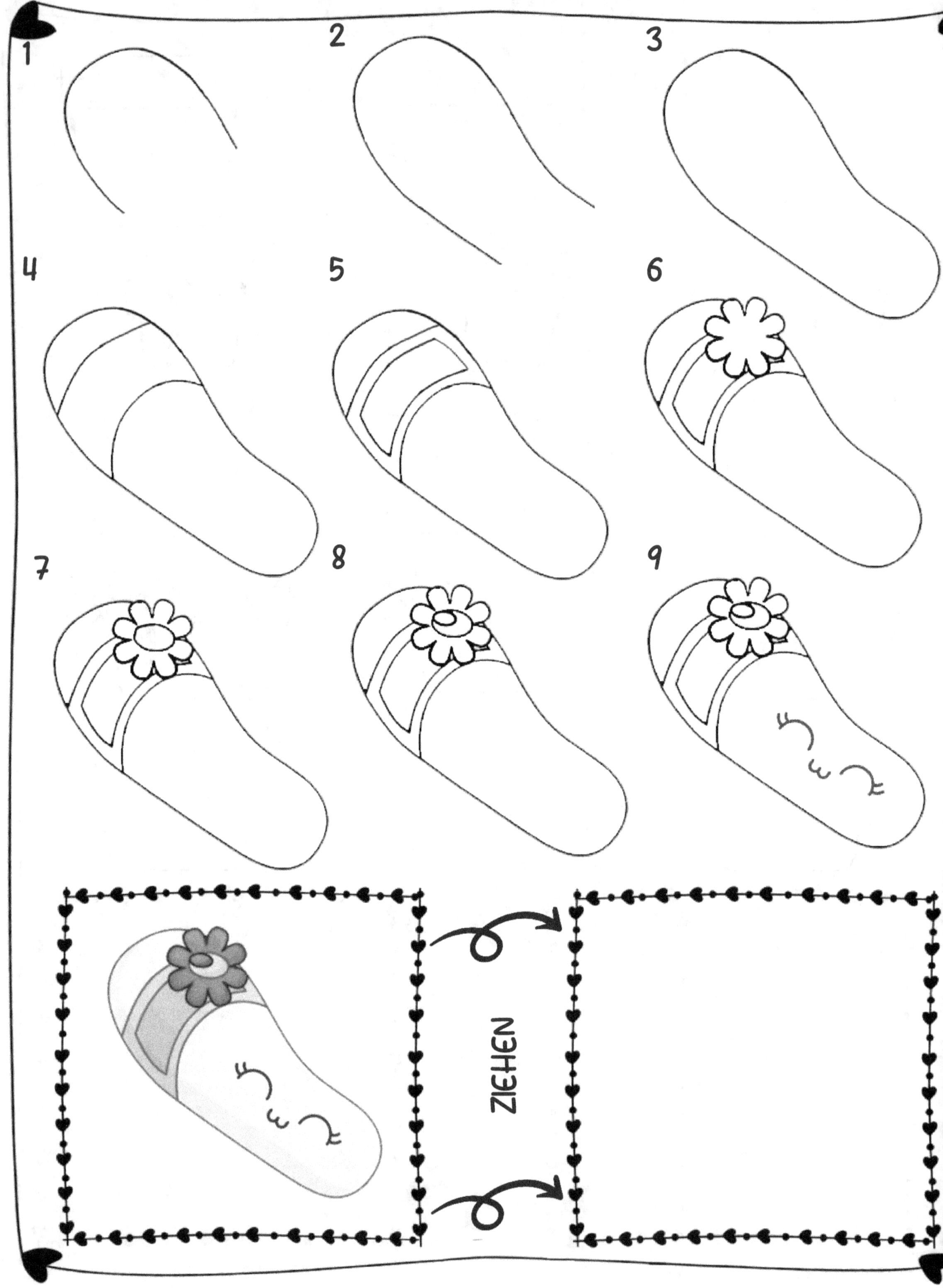

1
2
3
4
5
6
7
8
9
ZIEHEN

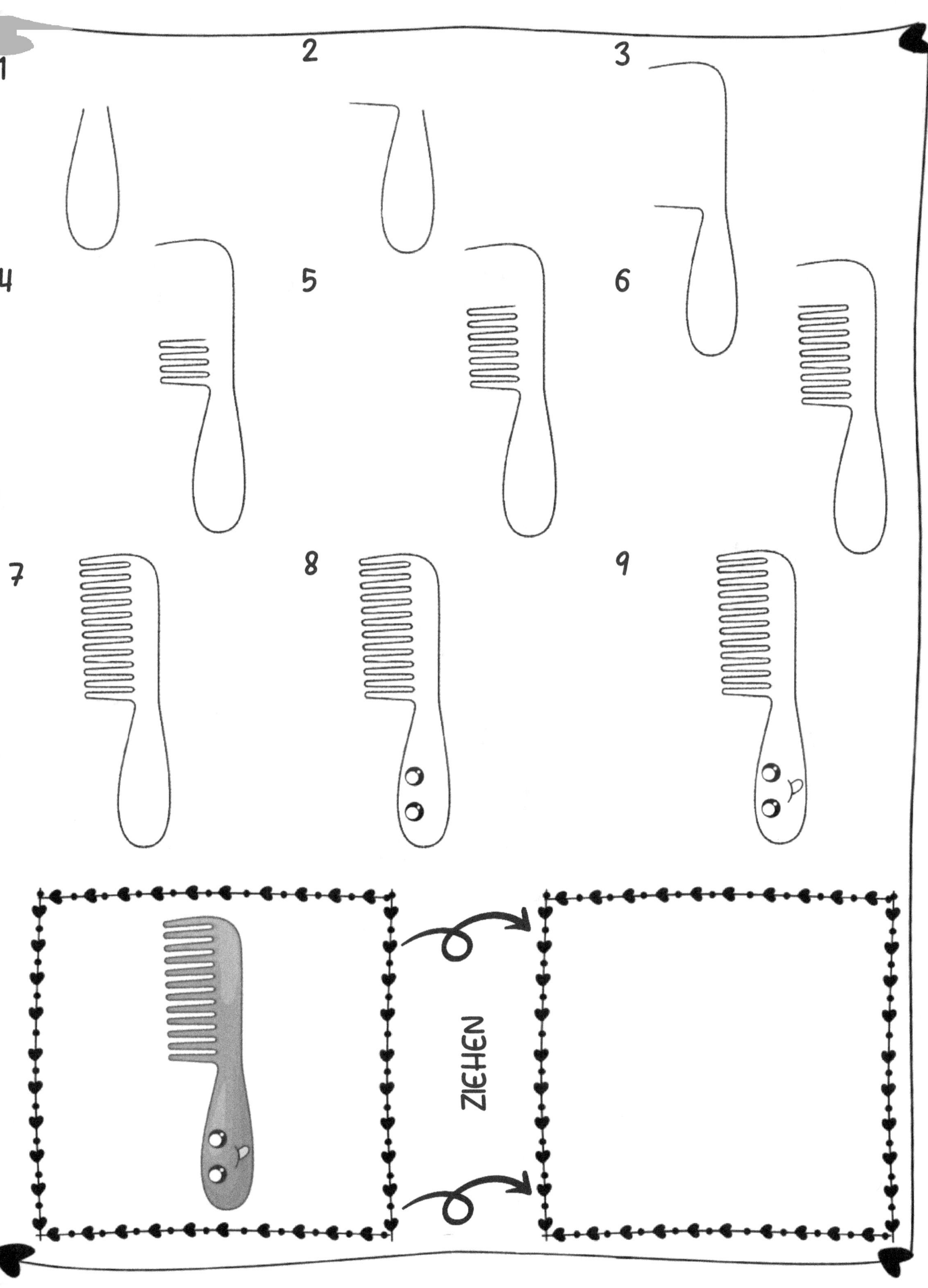

1
2
3
4
5
6
7
8
9
ZIEHEN

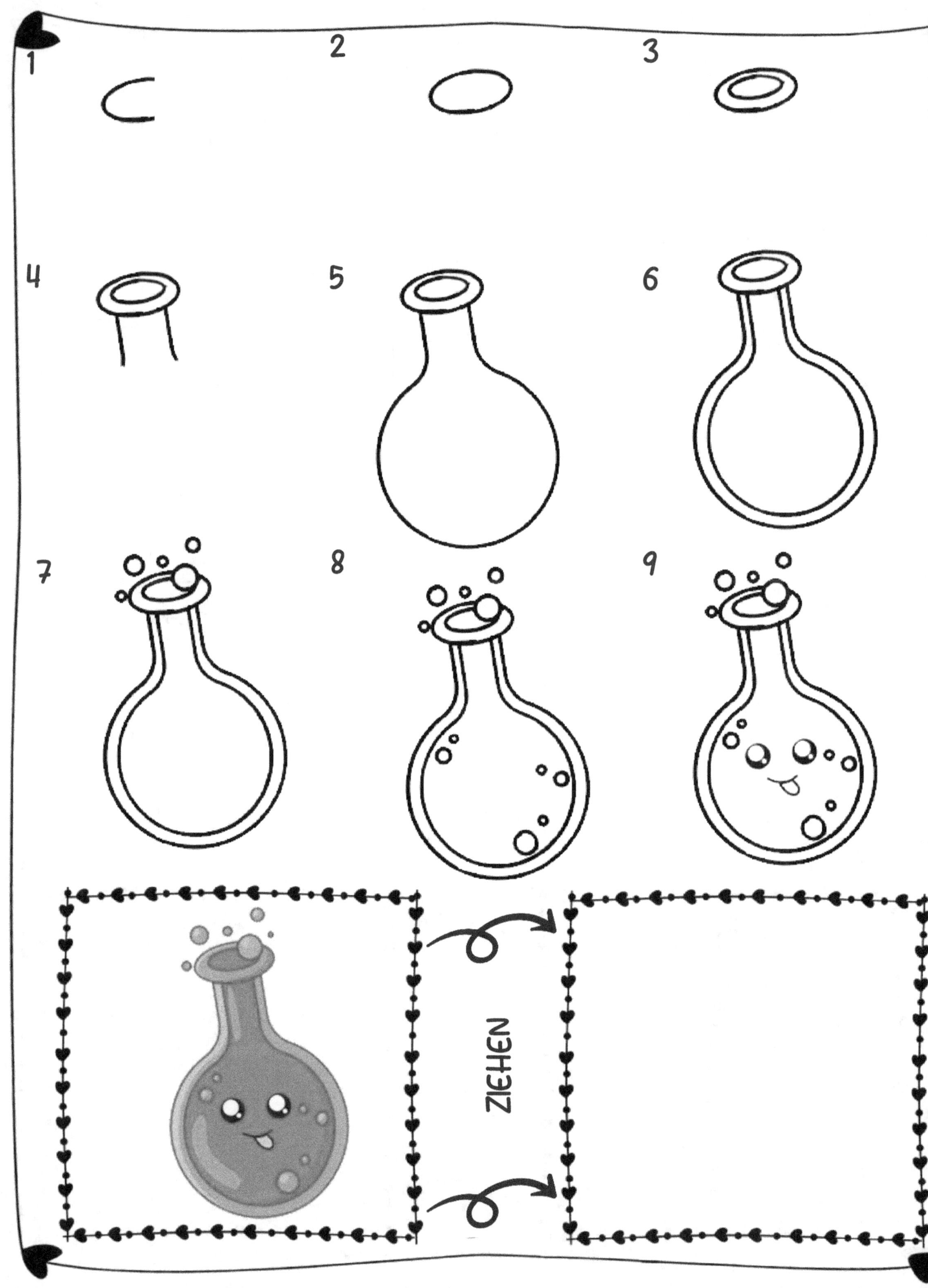

1
2
3
4
5
6
7
8
9
ZIEHEN

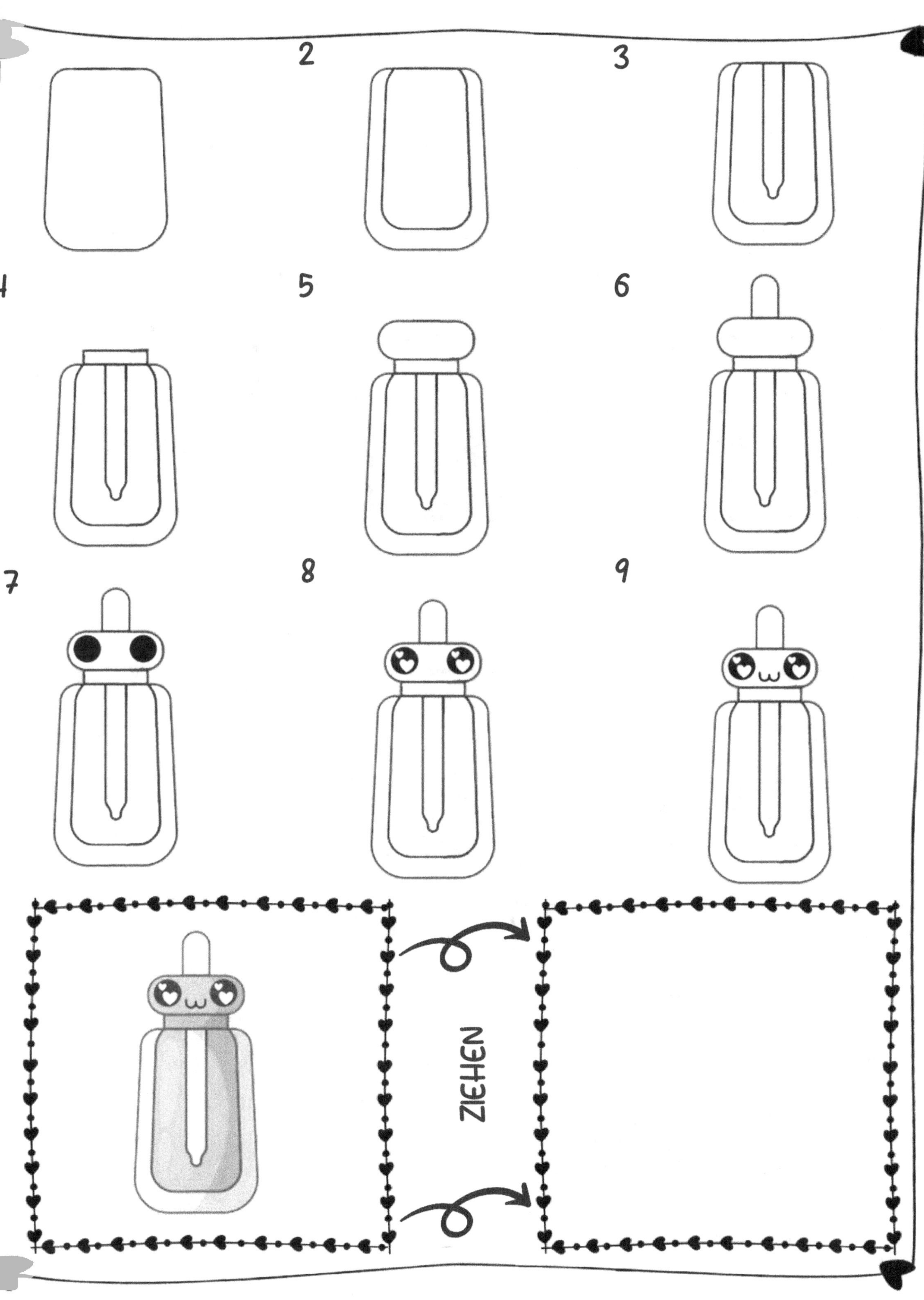

1
2
3
4
5
6
7
8
9
ZIEHEN

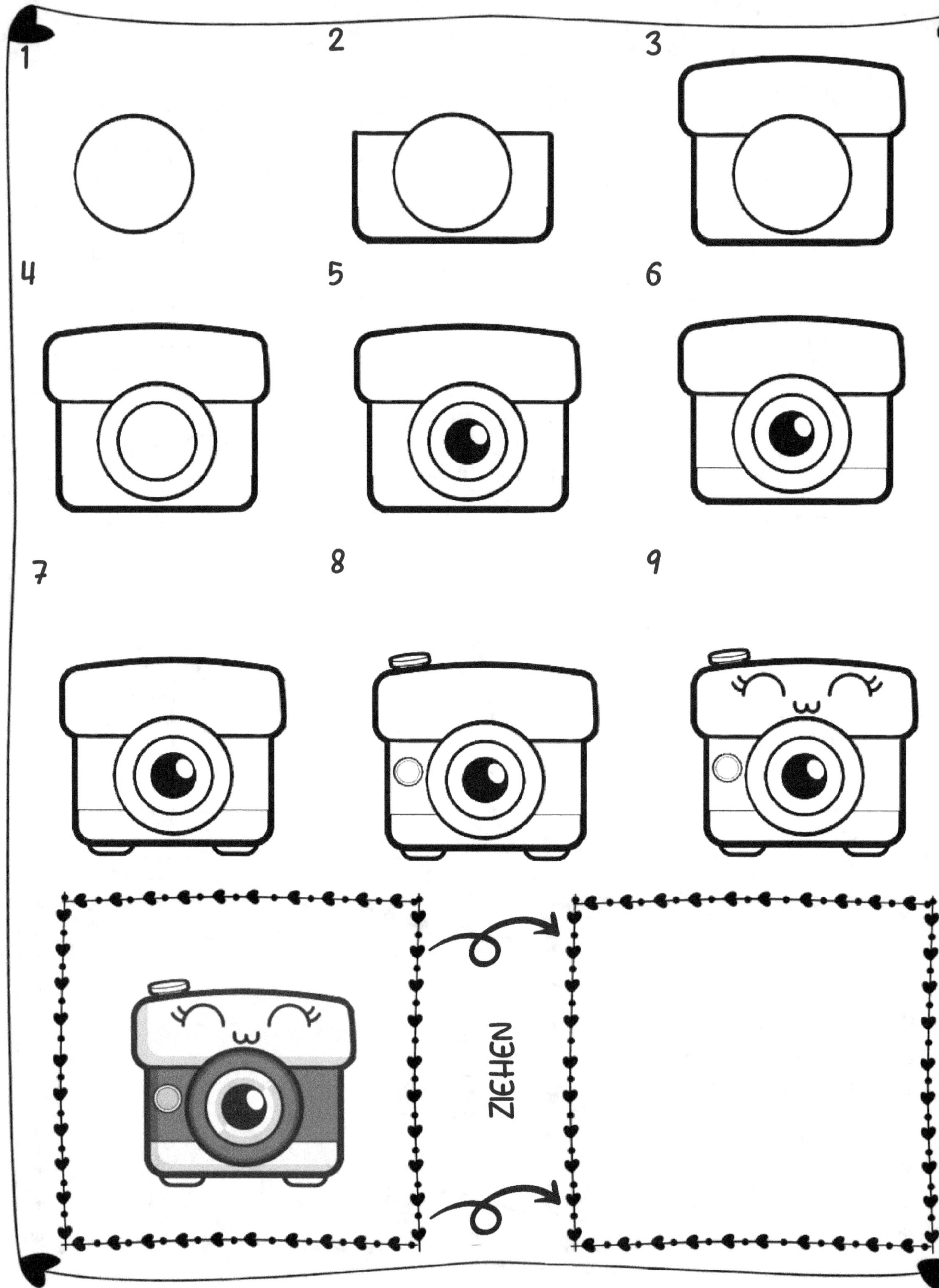

1
2
3
4
5
6
7
8
9
ZIEHEN

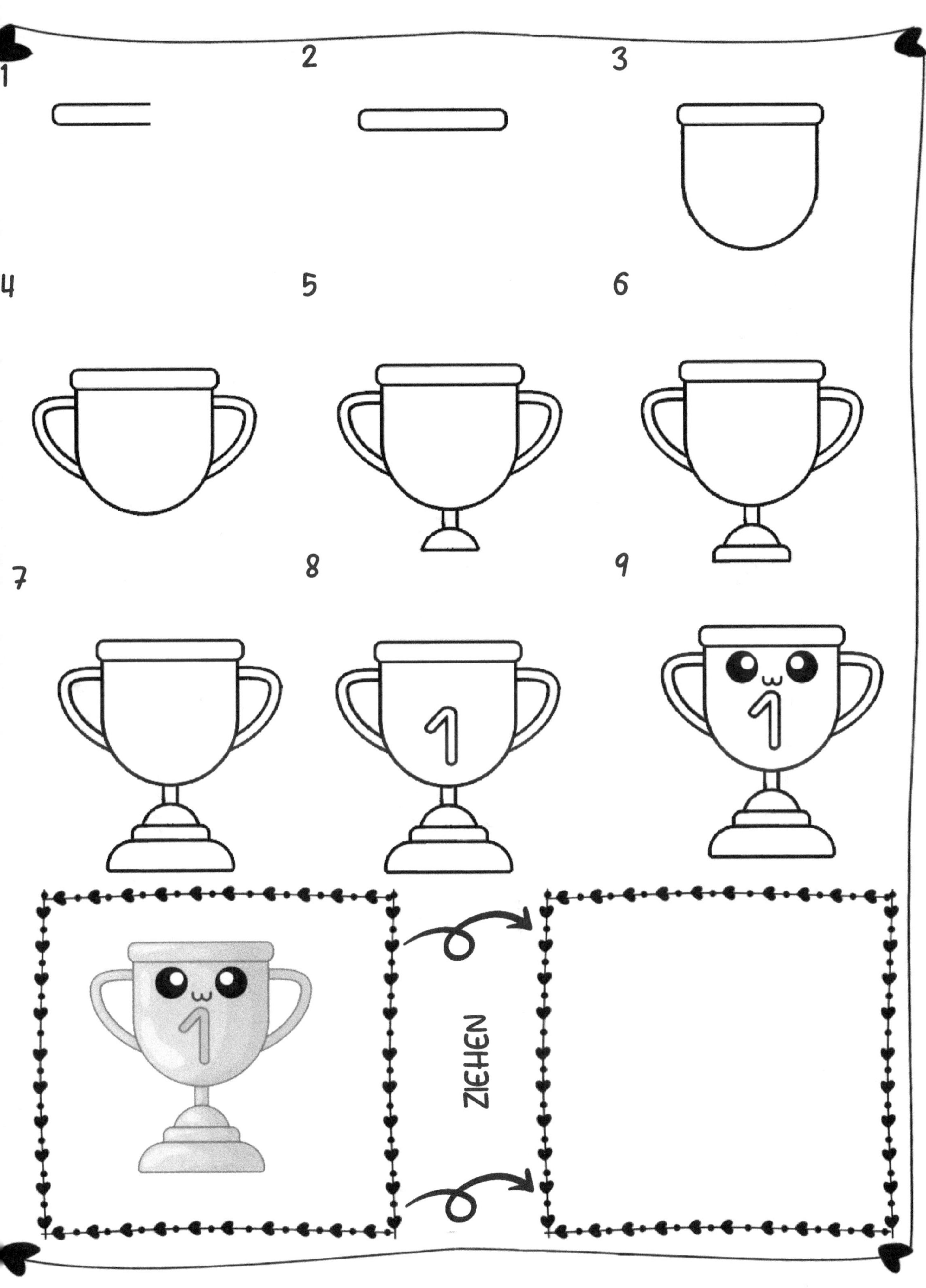
1
2
3
4
5
6
7
8
9
ZIEHEN

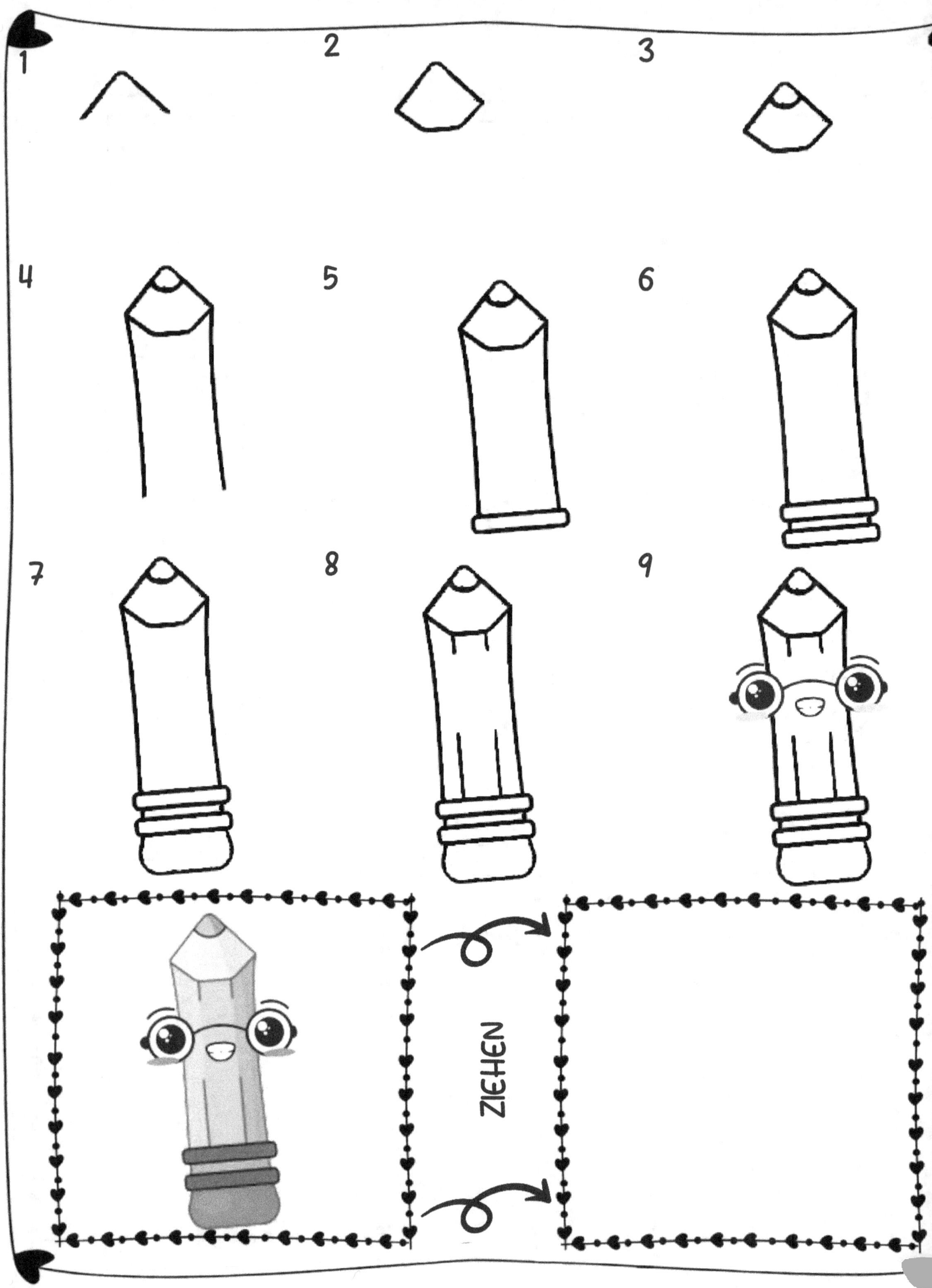

1
2
3
4
5
6
7
8
9
ZIEHEN

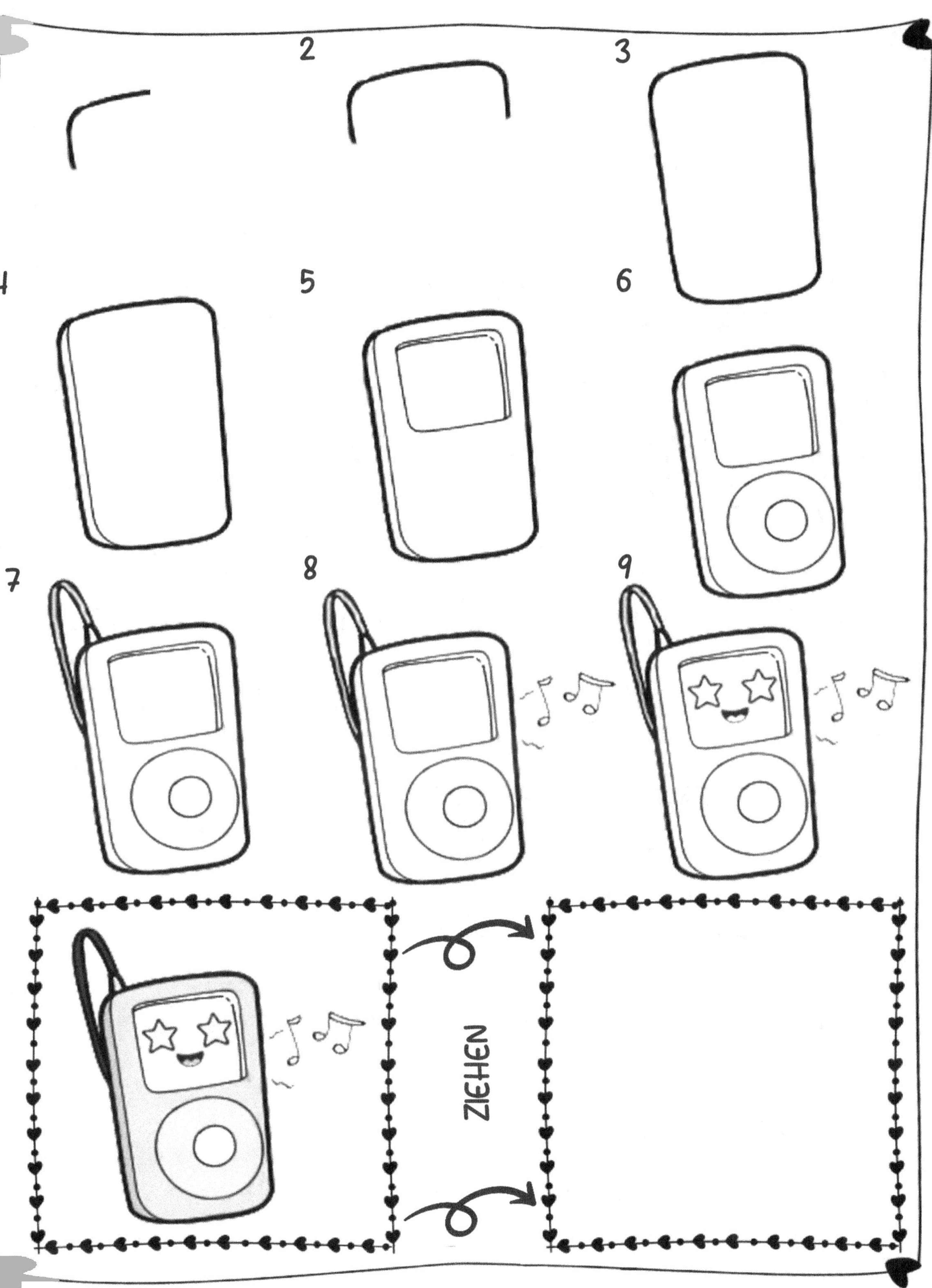

1
2
3
4
5
6
7
8
9
ZIEHEN

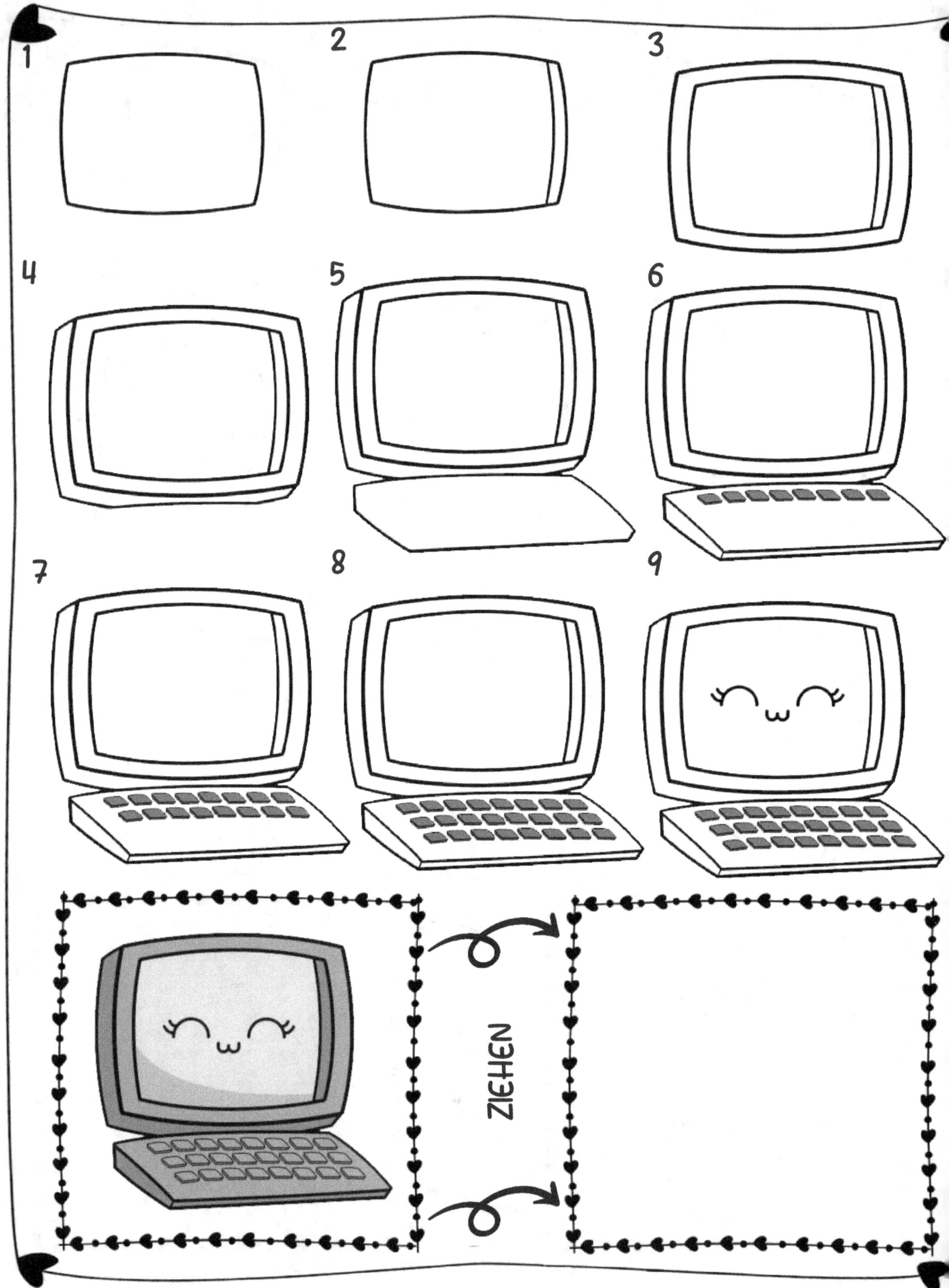

1
2
3
4
5
6
7
8
9
ZIEHEN

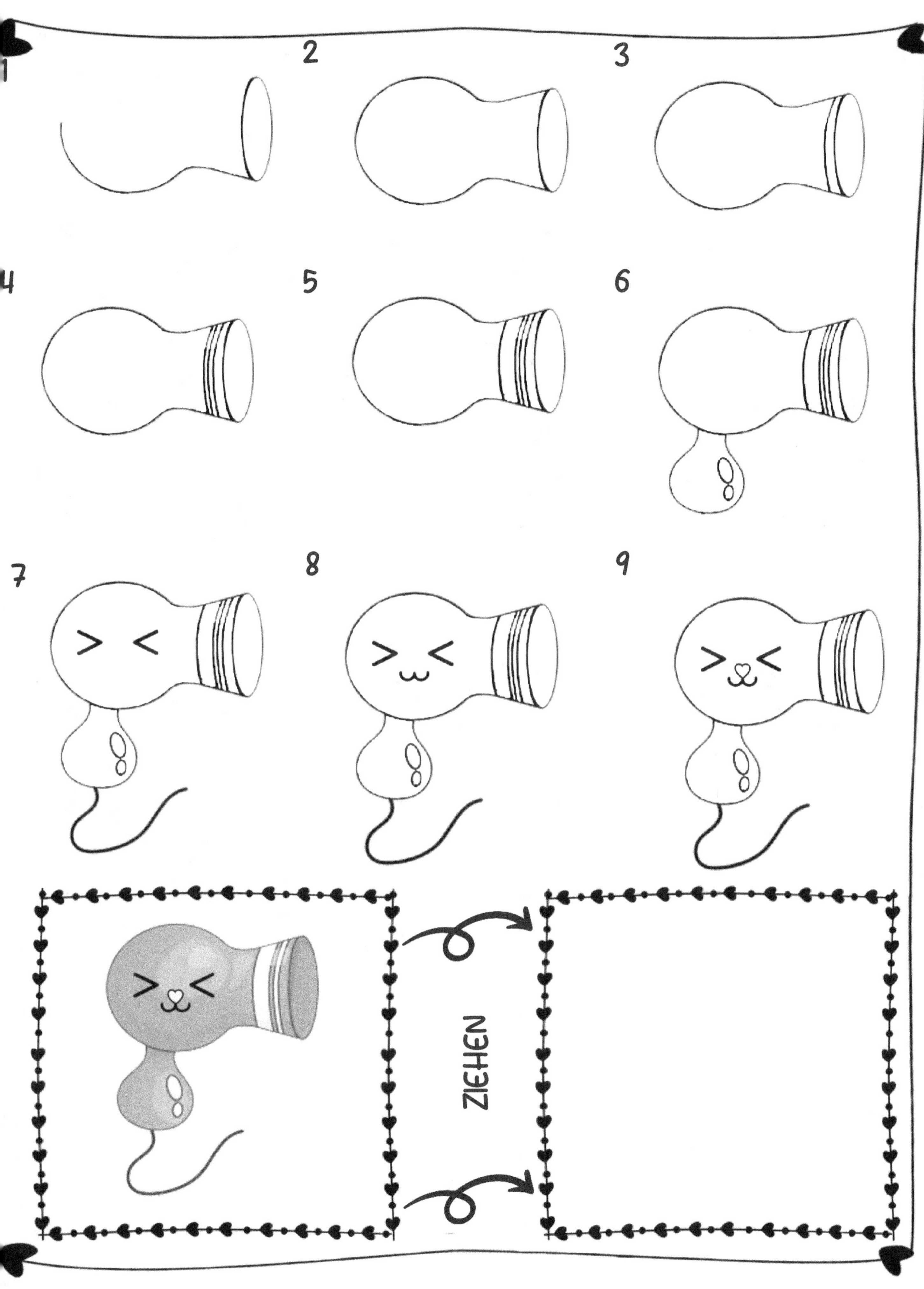

1
2
3
4
5
6
7
8
9
ZIEHEN

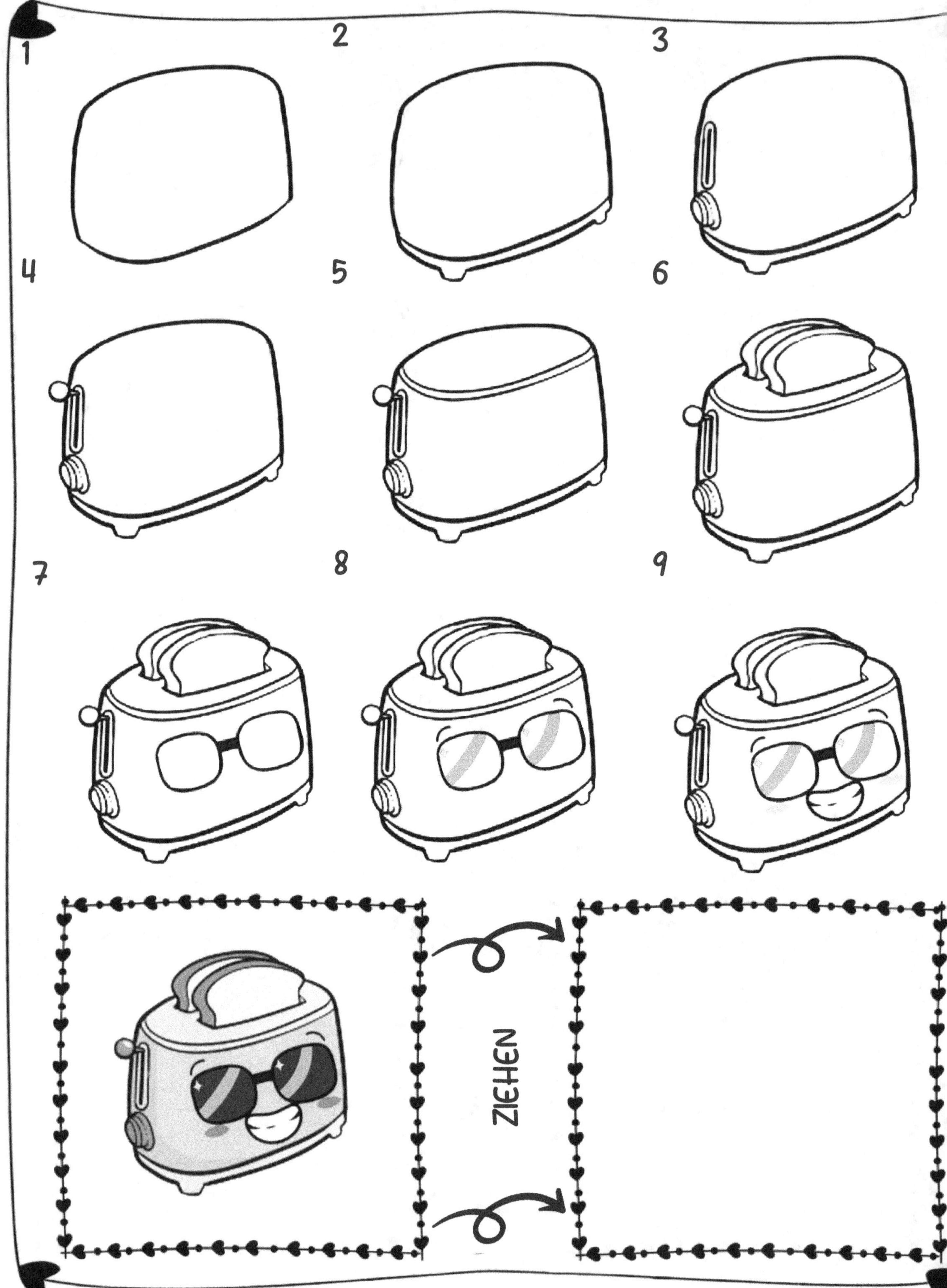
ZIEHEN

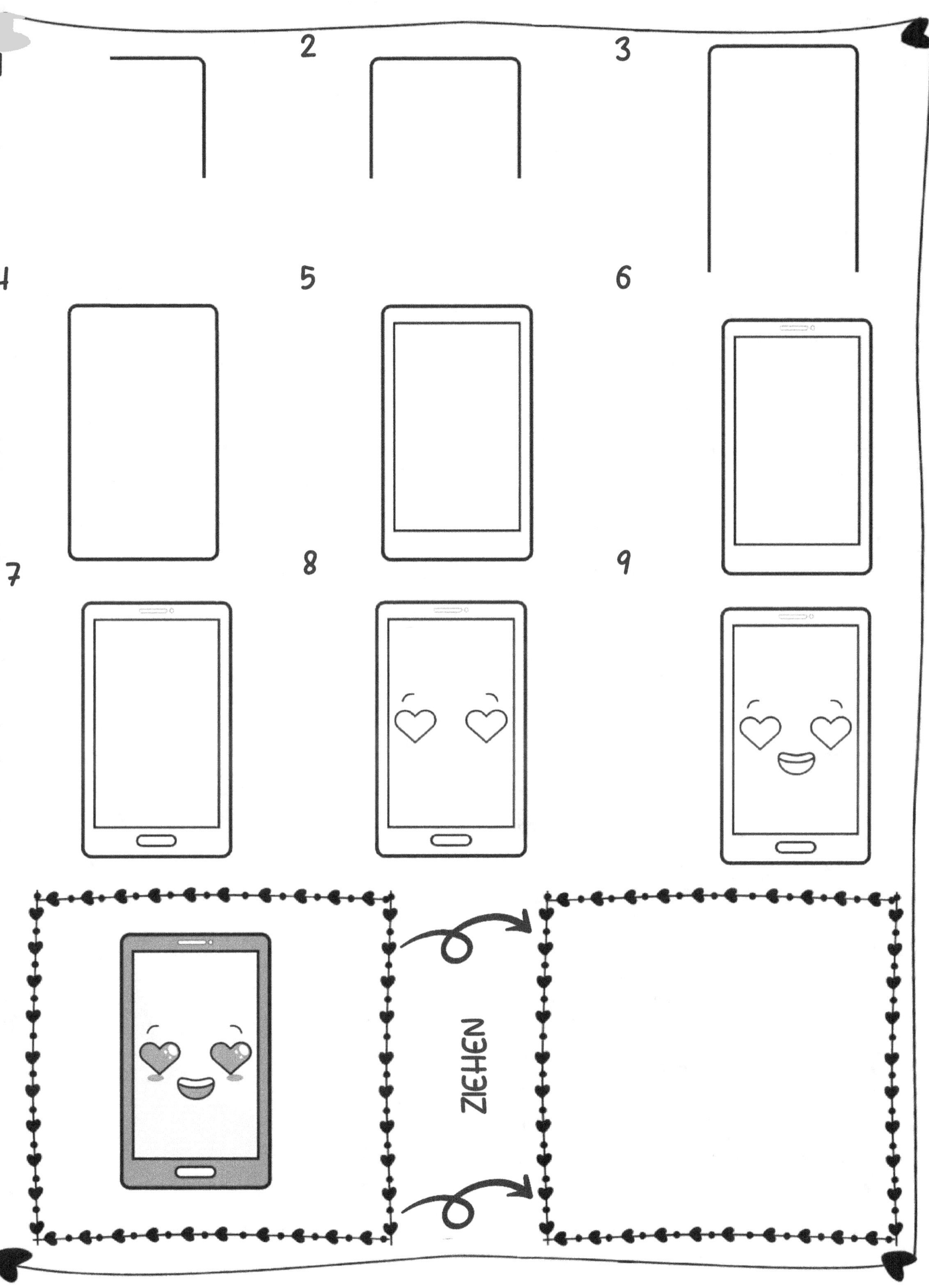

2
3
4
5
6
7
8
9
ZIEHEN

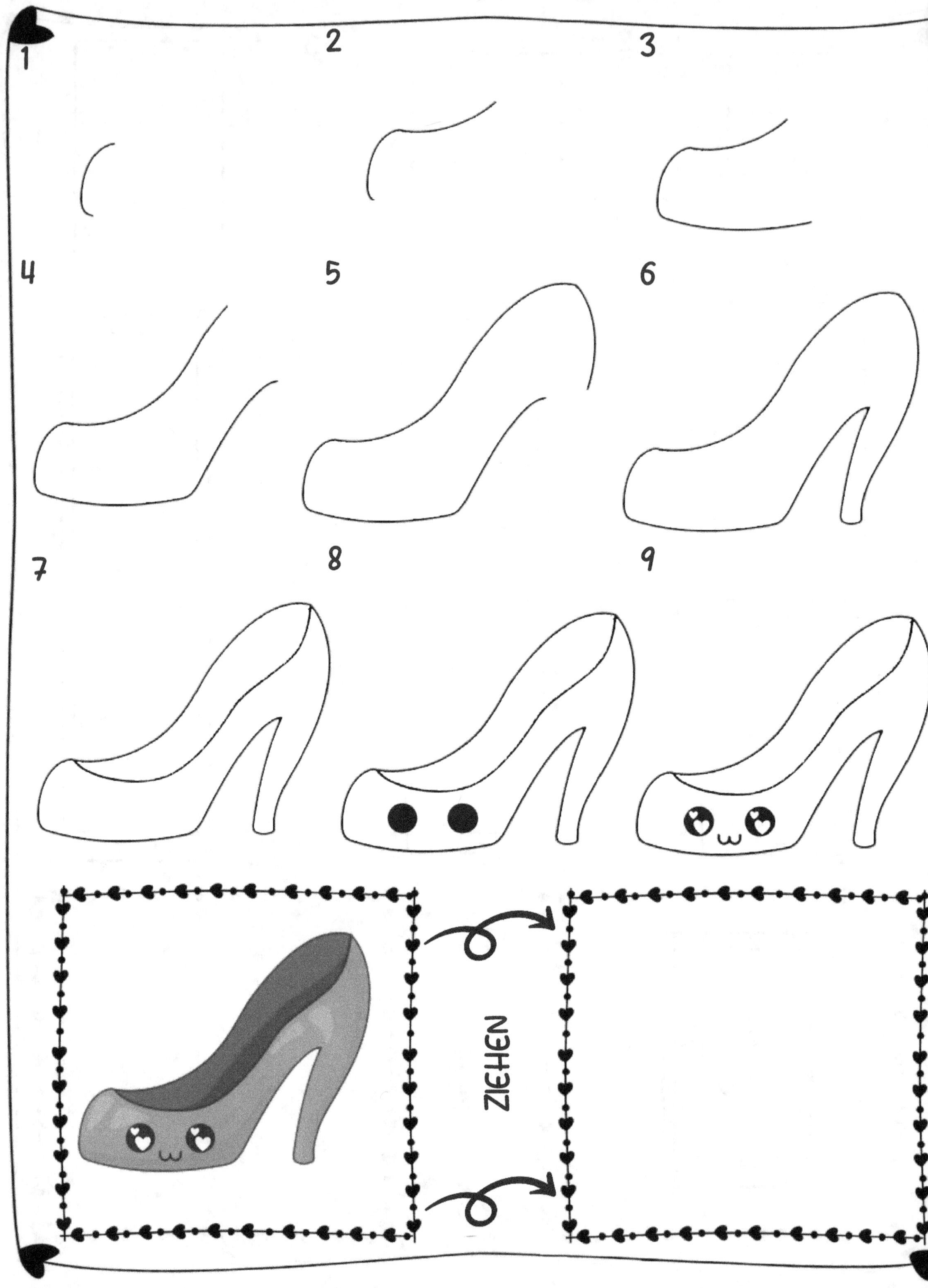

1
2
3
4
5
6
7
8
9
ZIEHEN

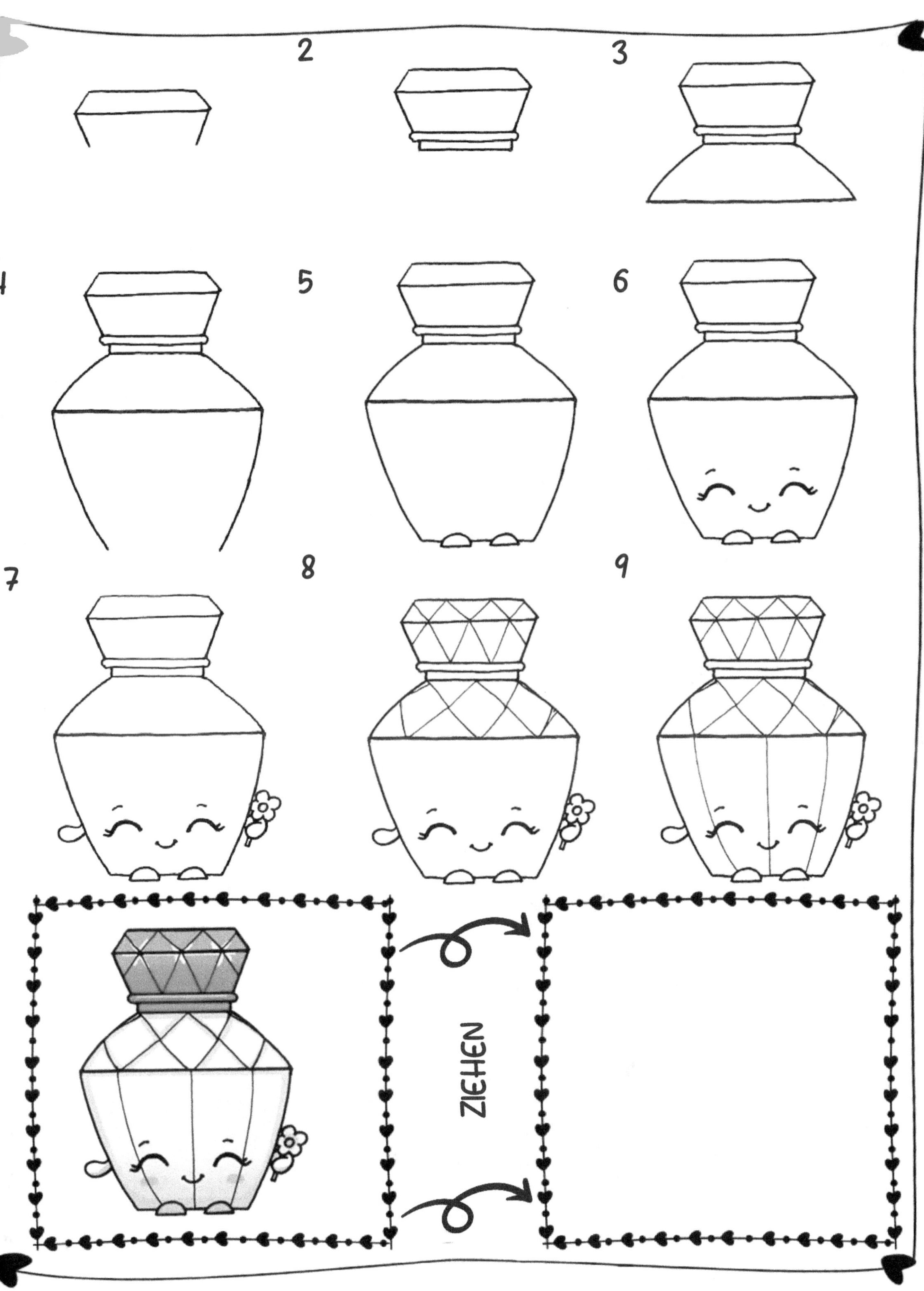

1
2
3
4
5
6
7
8
9
ZIEHEN

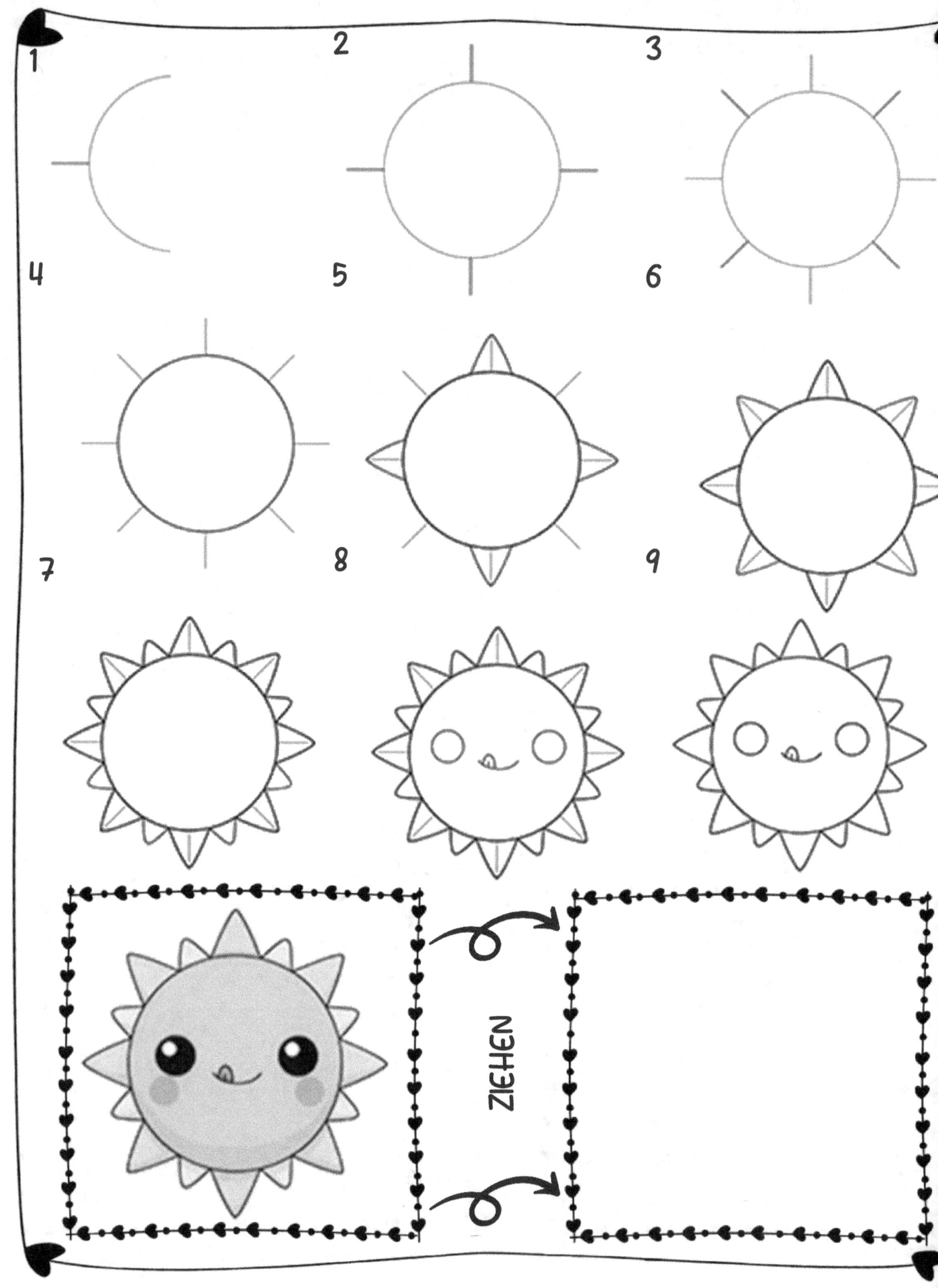

1
2
3
4
5
6
7
8
9
ZIEHEN

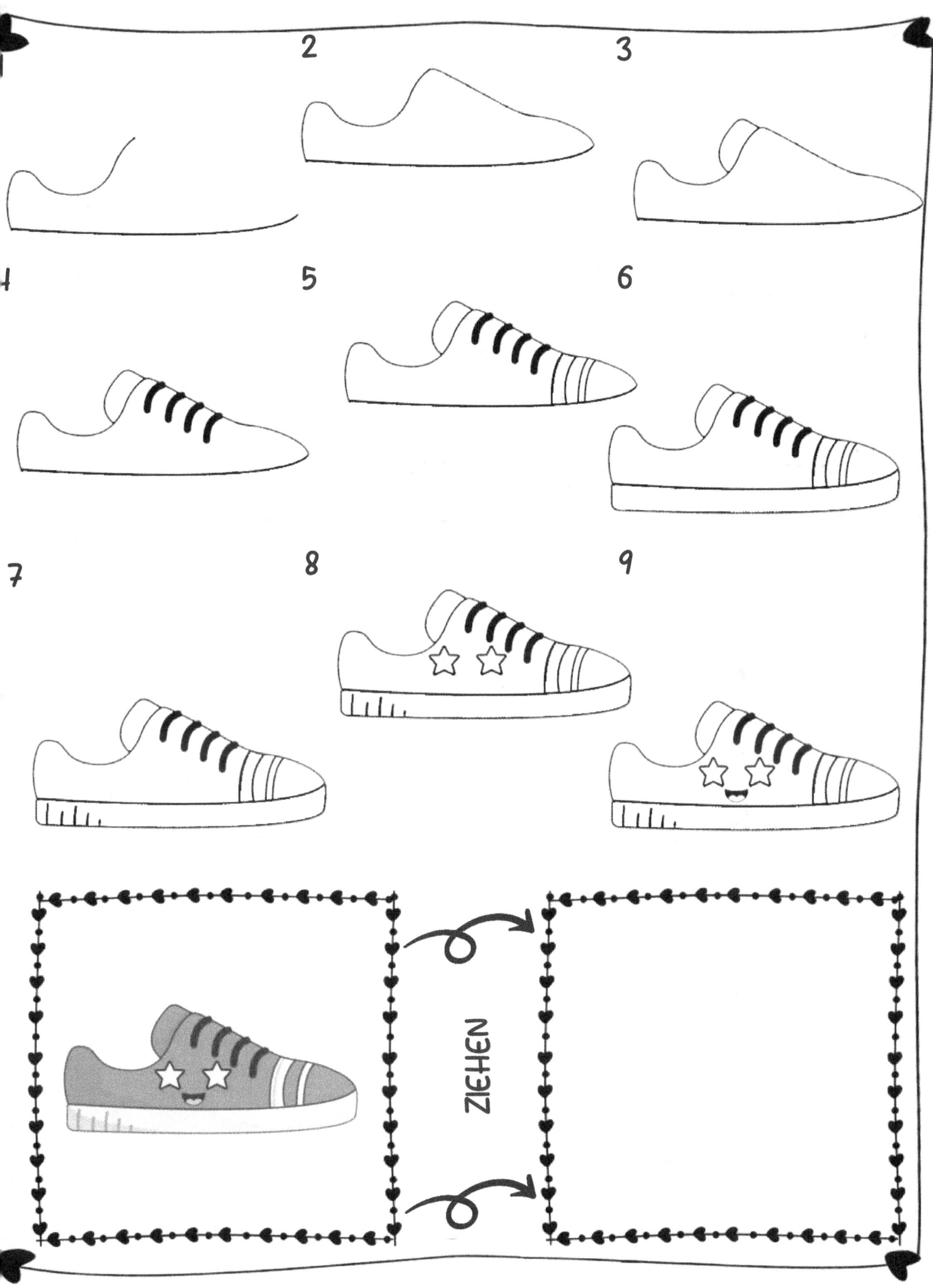
2
3
4
5
6
7
8
9
ZIEHEN

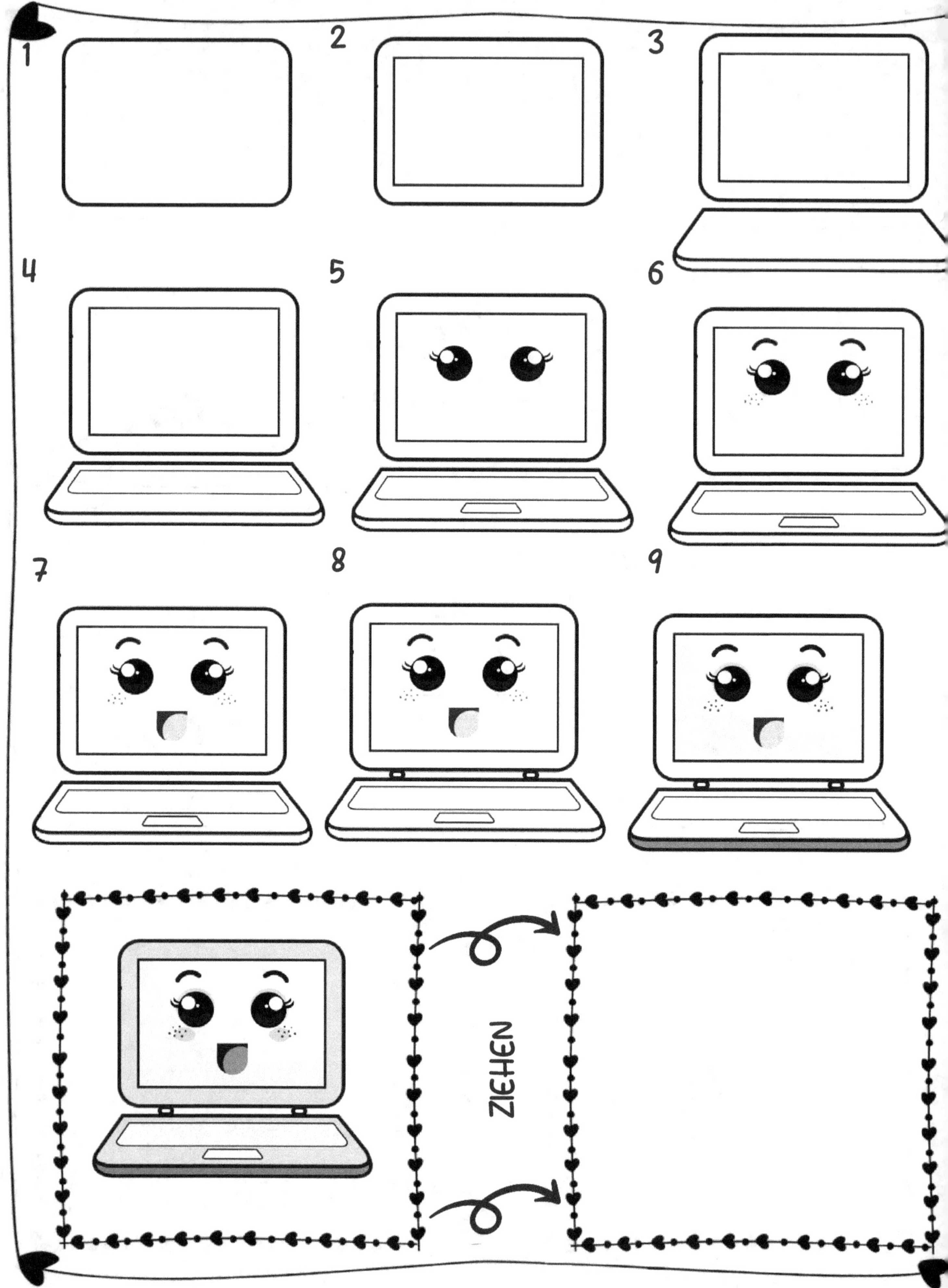

1
2
3
4
5
6
7
8
9
ZIEHEN

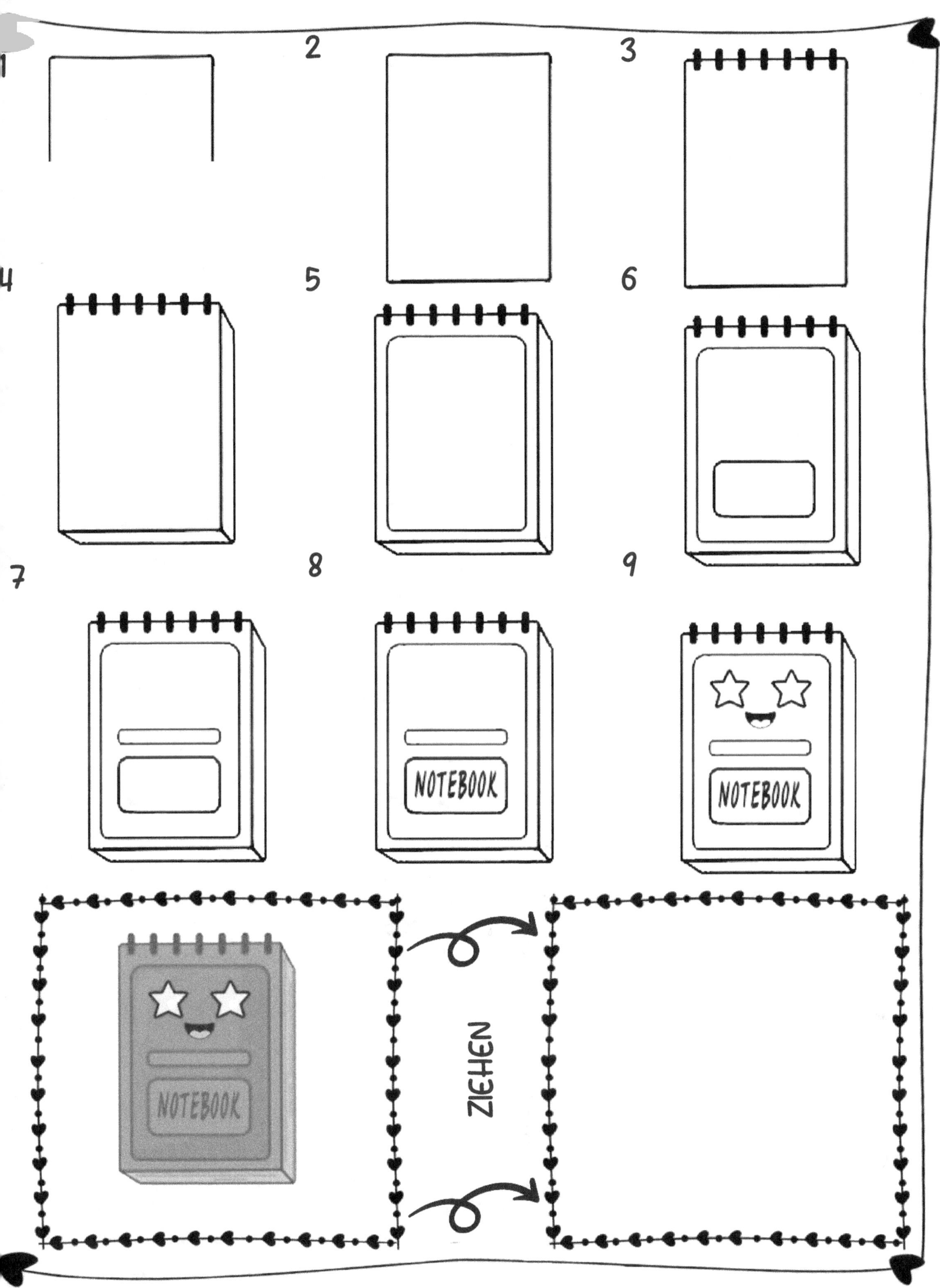
1
2
3
4
5
6
7
8
9
NOTEBOOK
NOTEBOOK
NOTEBOOK
ZIEHEN

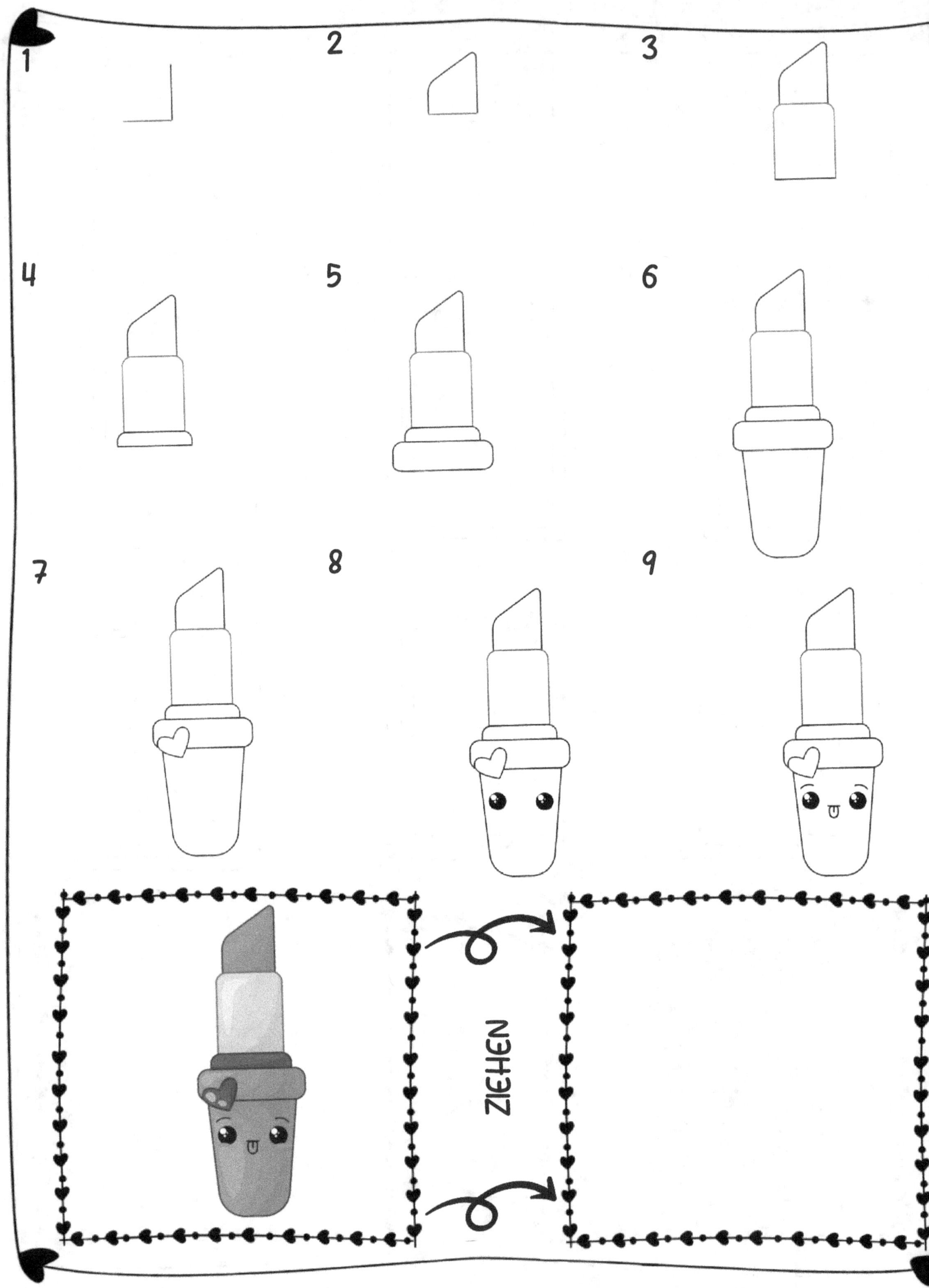

1
2
3
4
5
6
7
8
9
ZIEHEN

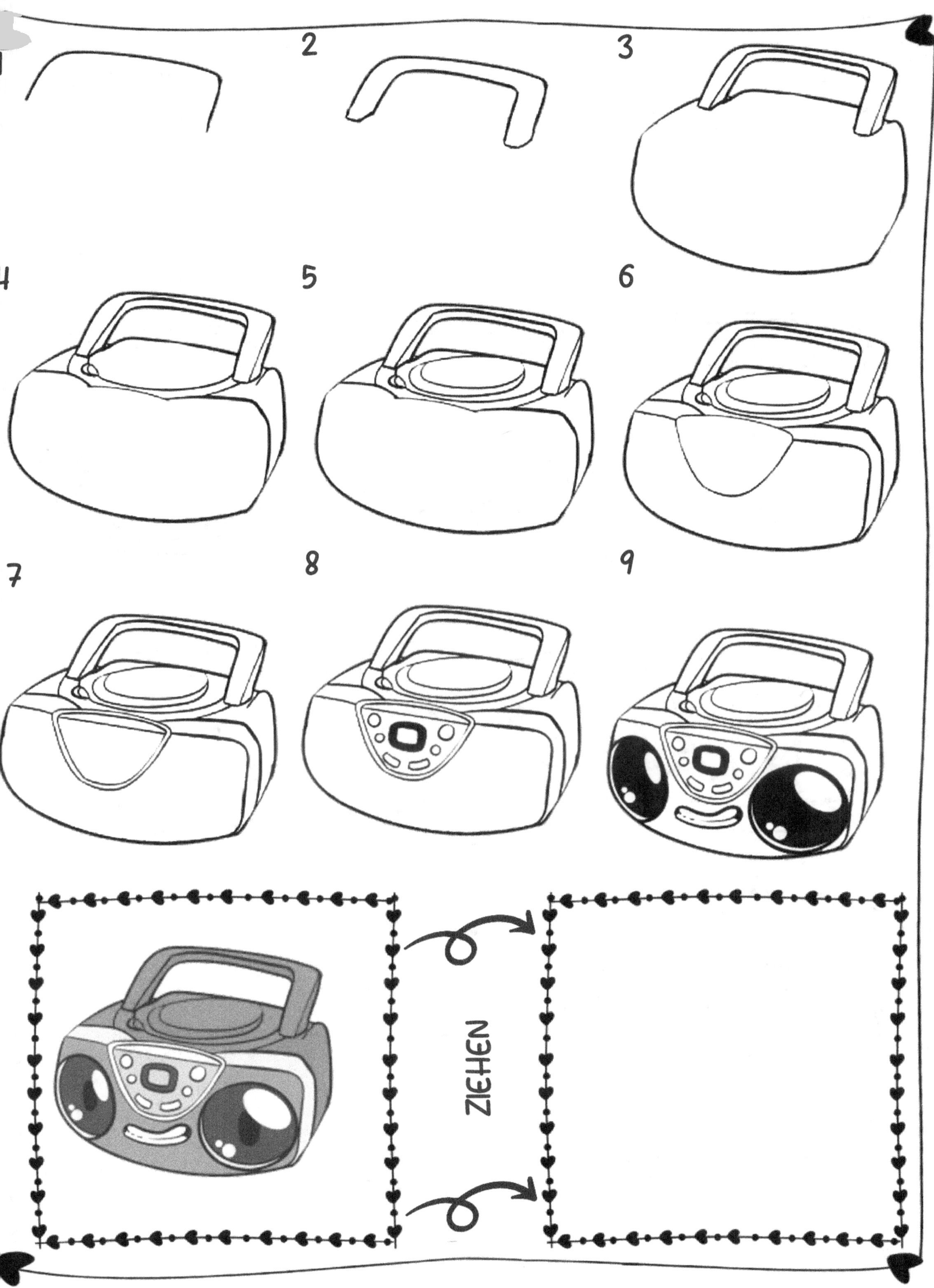

2
3
4
5
6
7
8
9
ZIEHEN

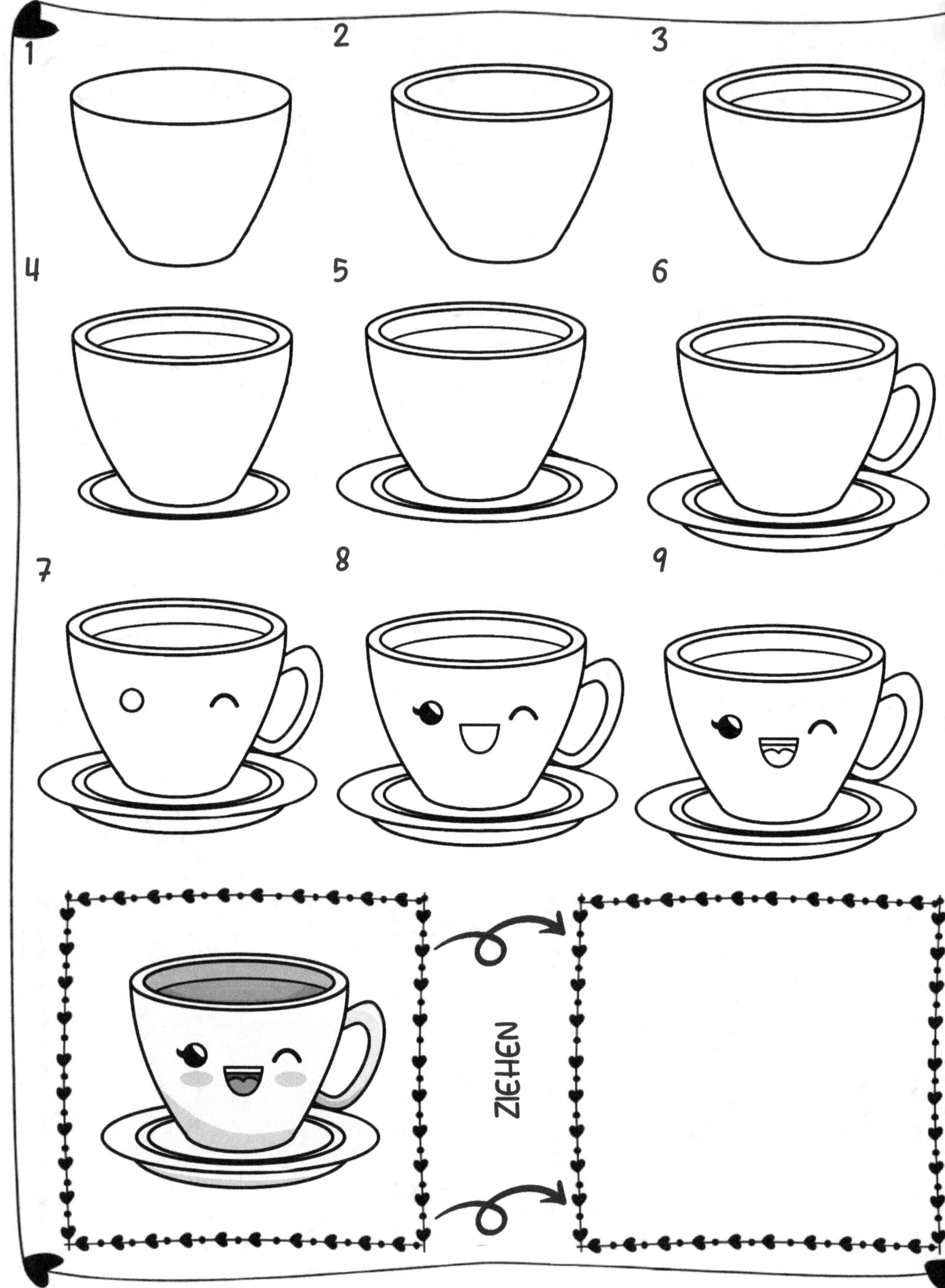

1
2
3
4
5
6
7
8
9
ZIEHEN

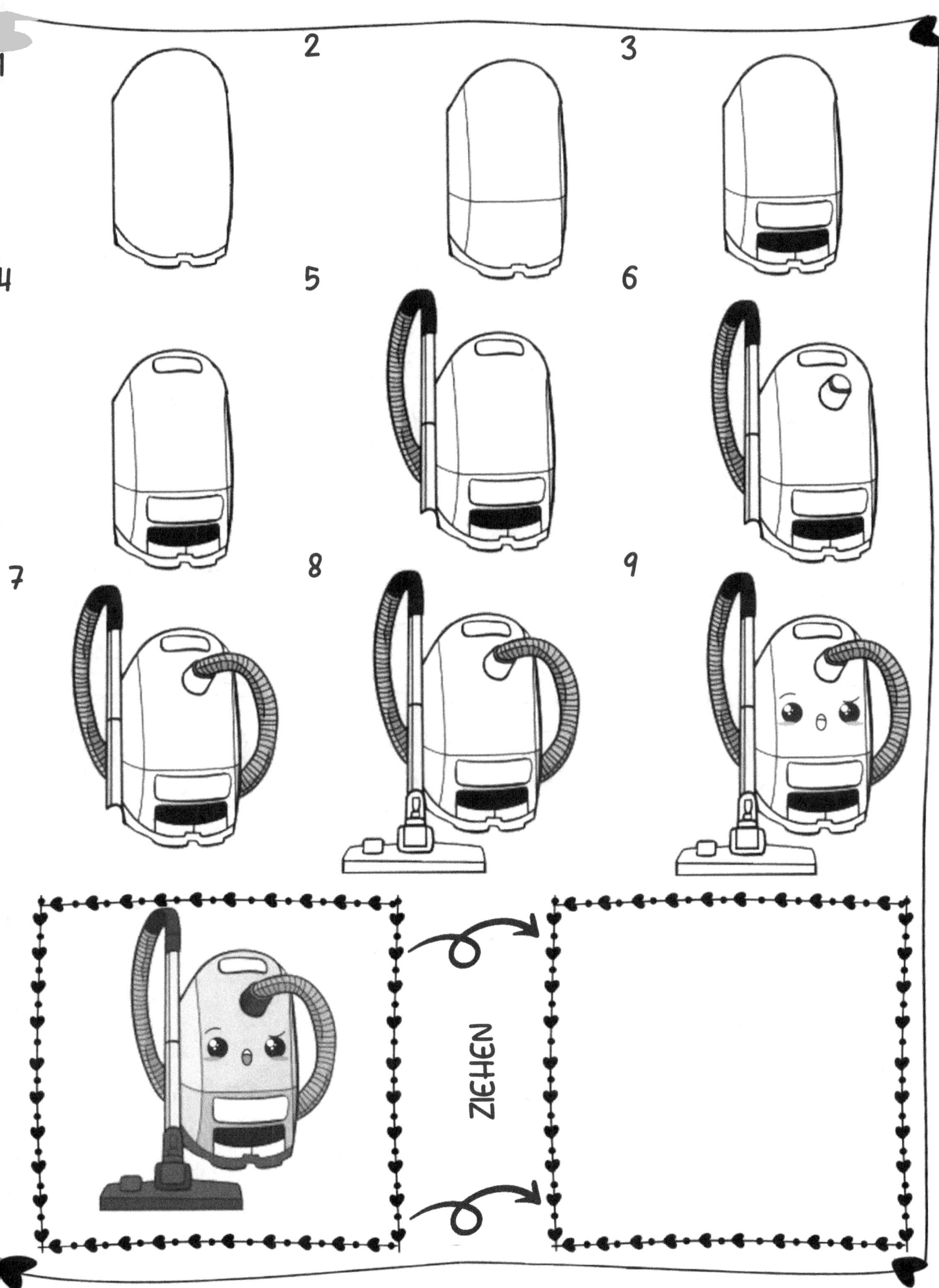

1
2
3
4
5
6
7
8
9
ZIEHEN

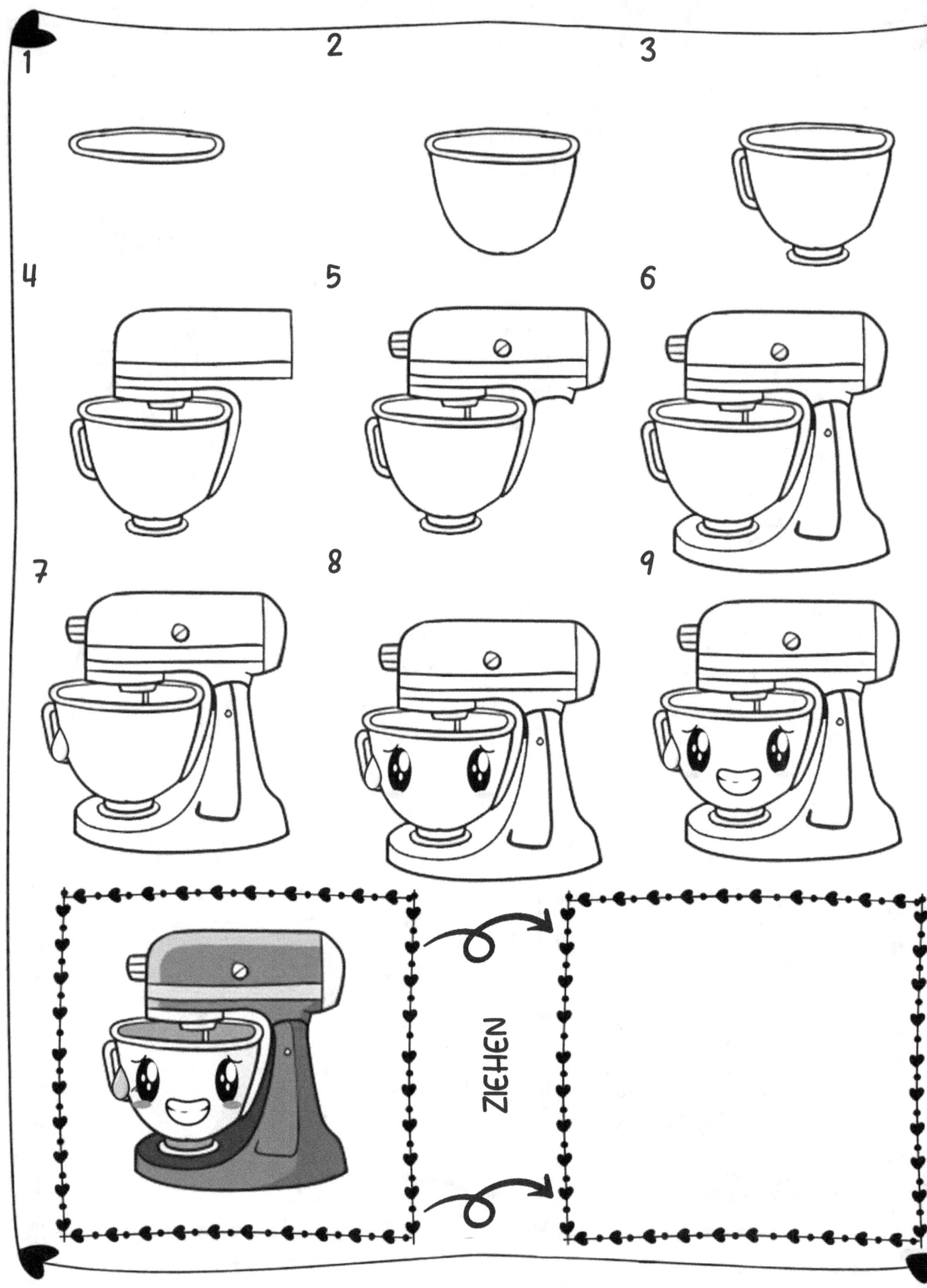

1
2
3
4
5
6
7
8
9
ZIEHEN

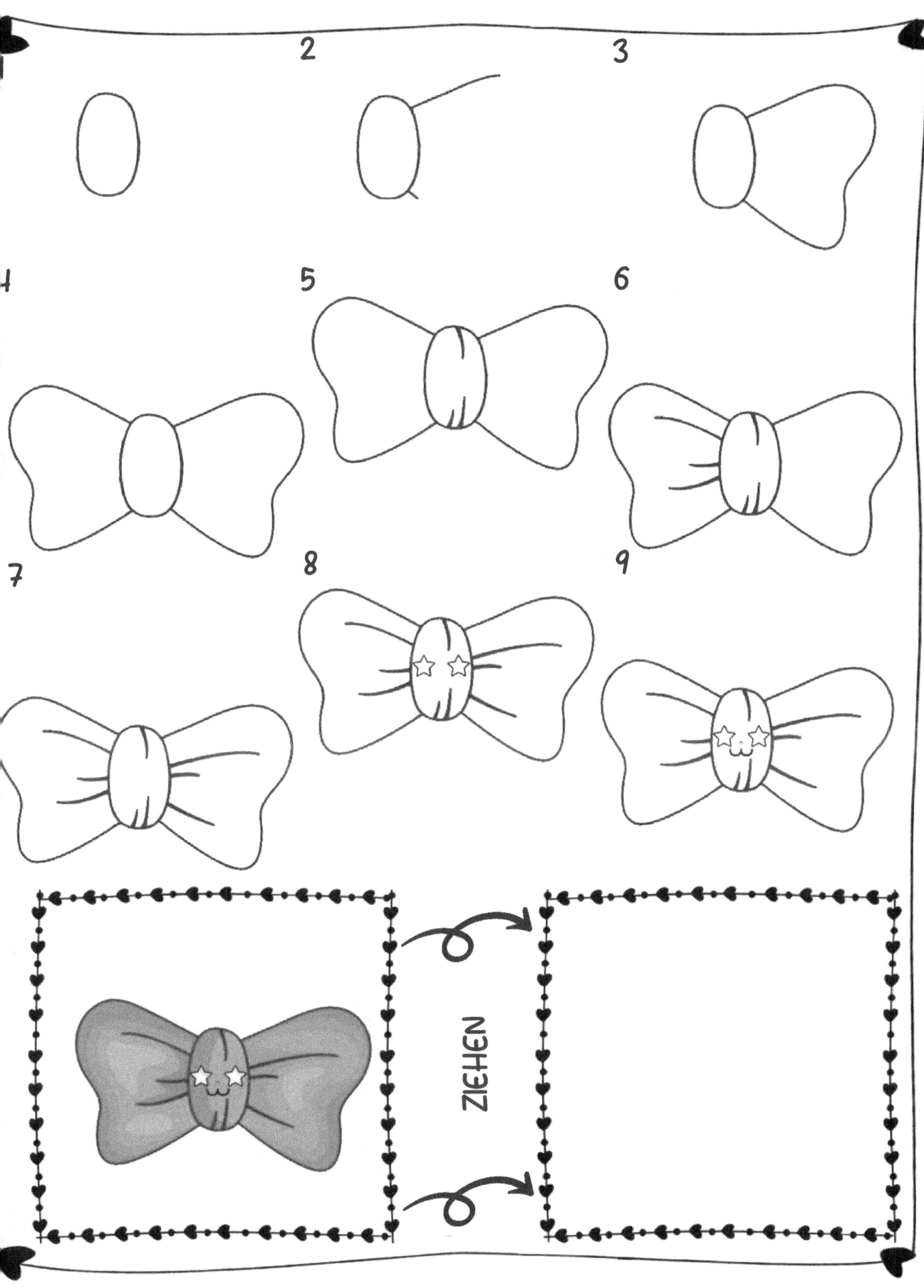

2
3
4
5
6
7
8
9
ZIEHEN

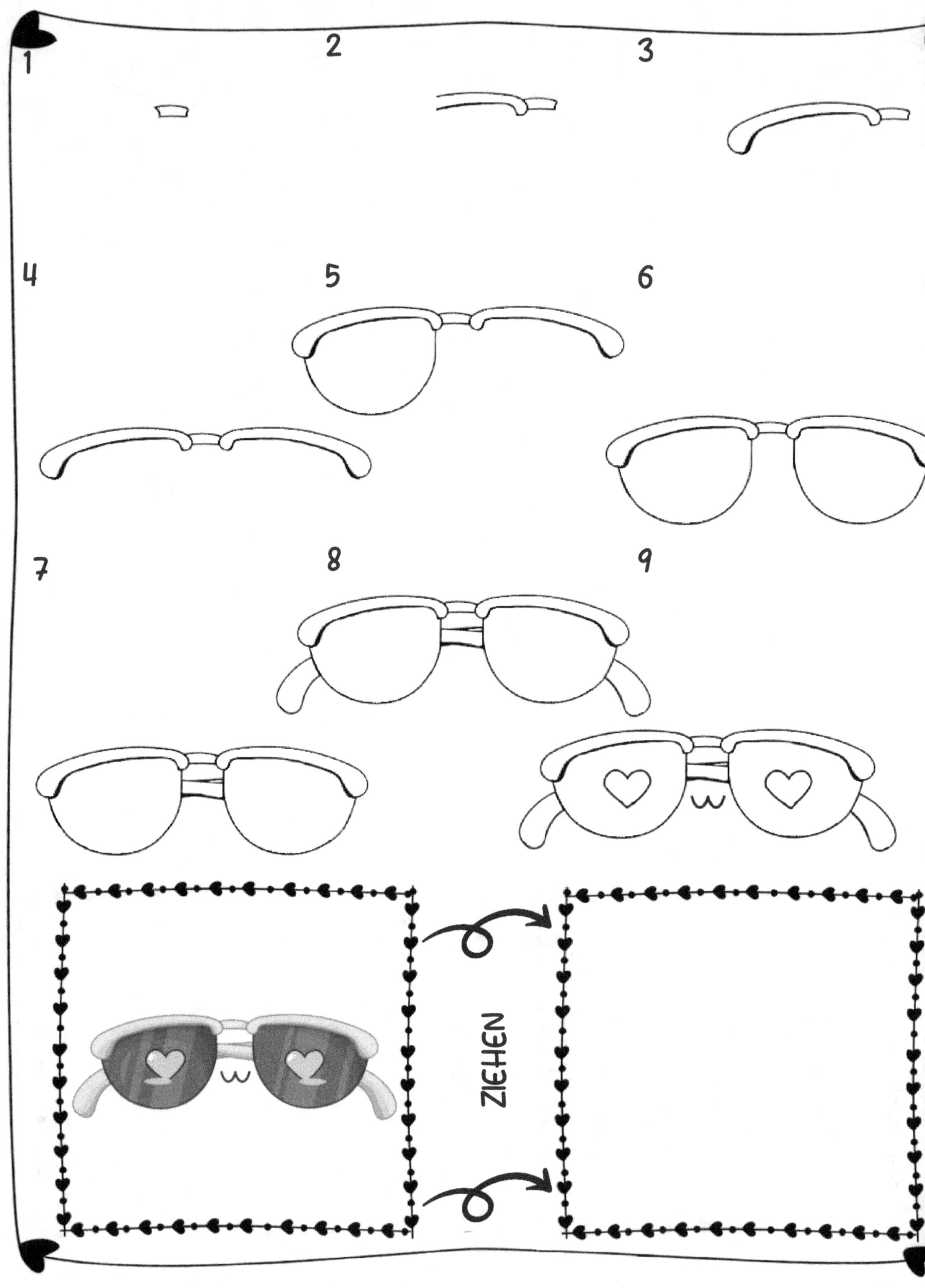

1
2
3
4
5
6
7
8
9
ZIEHEN

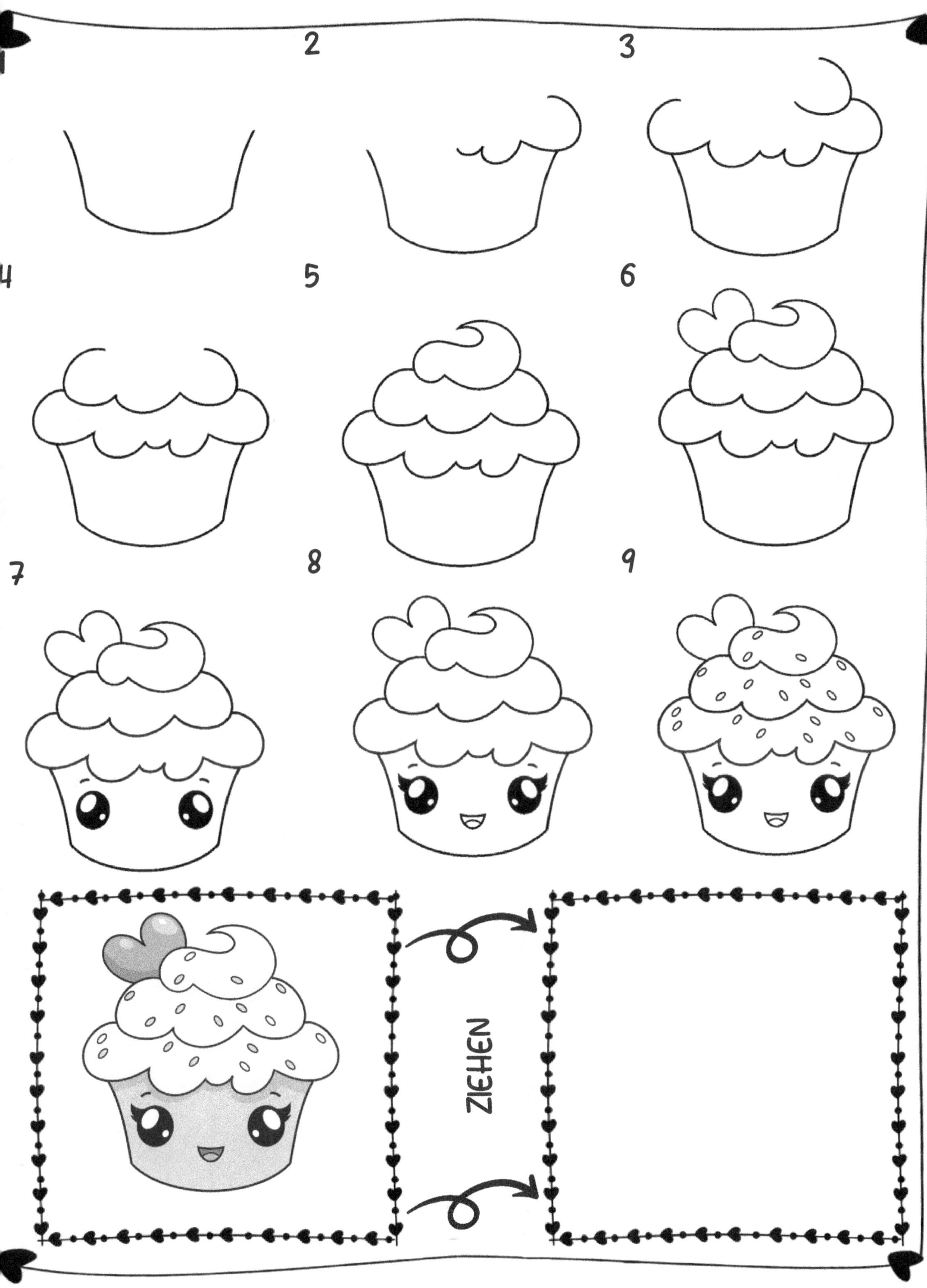

2
3
4
5
6
7
8
9
ZIEHEN

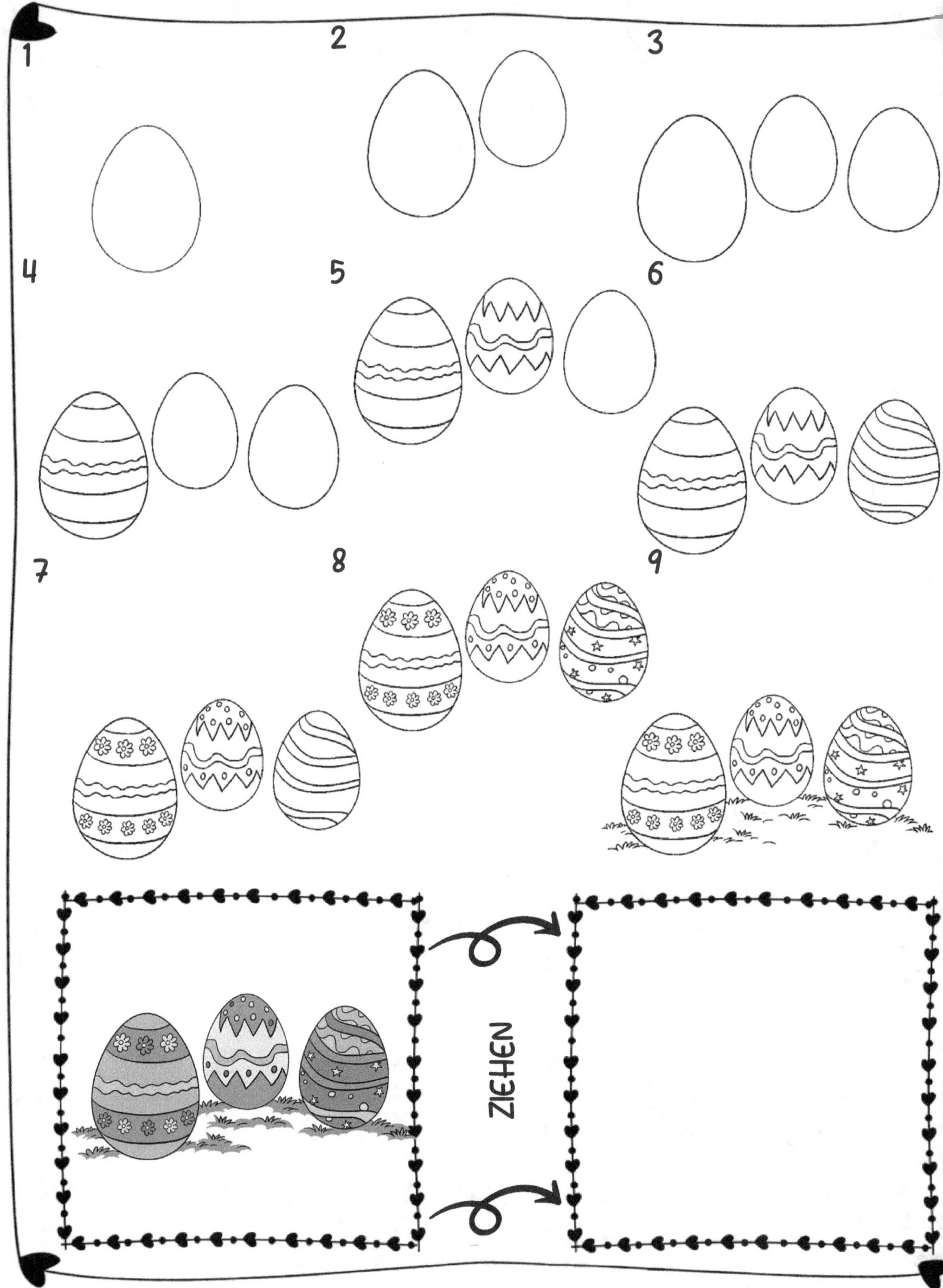

1
2
3
4
5
6
7
8
9
ZIEHEN

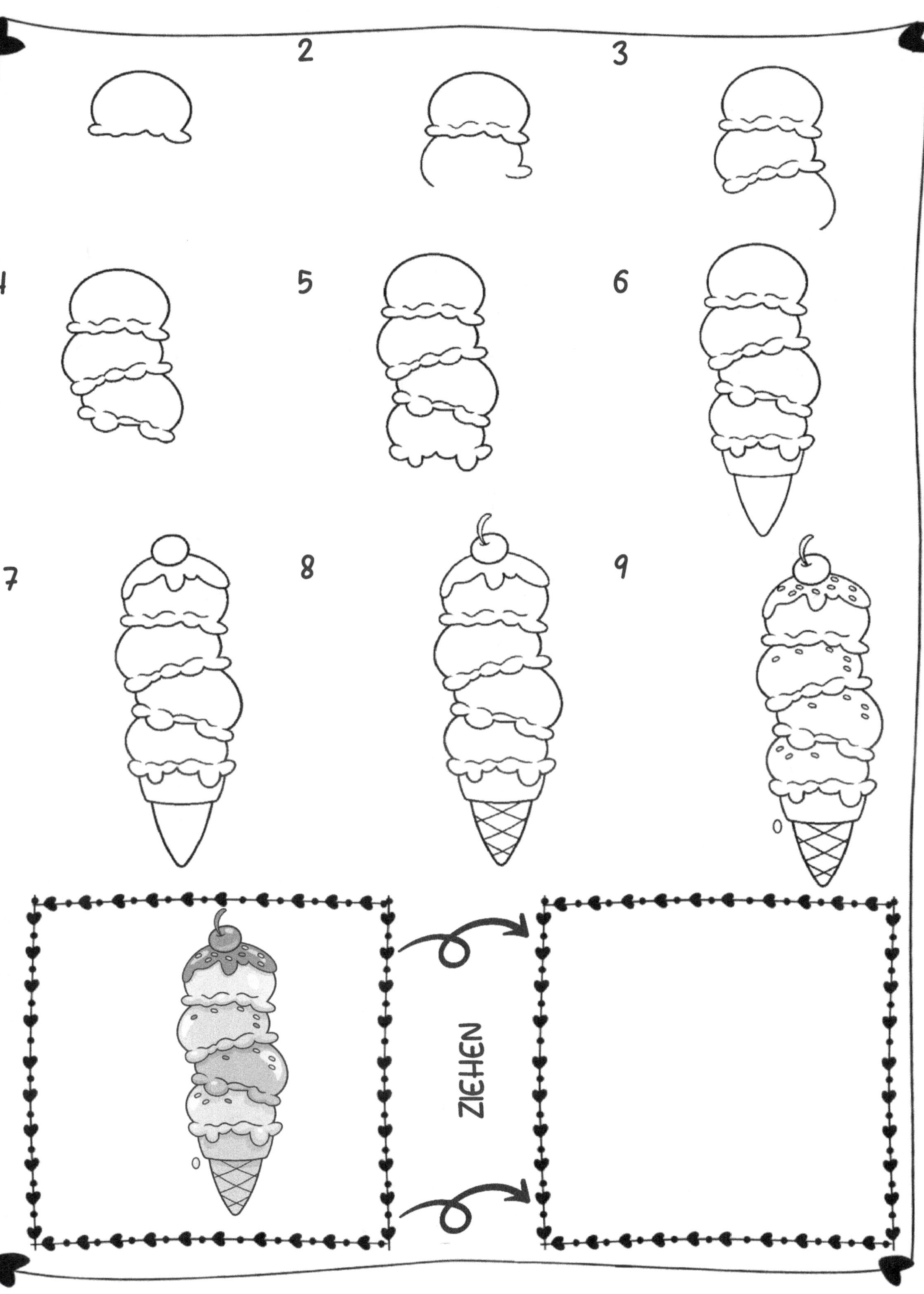

2
3
4
5
6
7
8
9
ZIEHEN

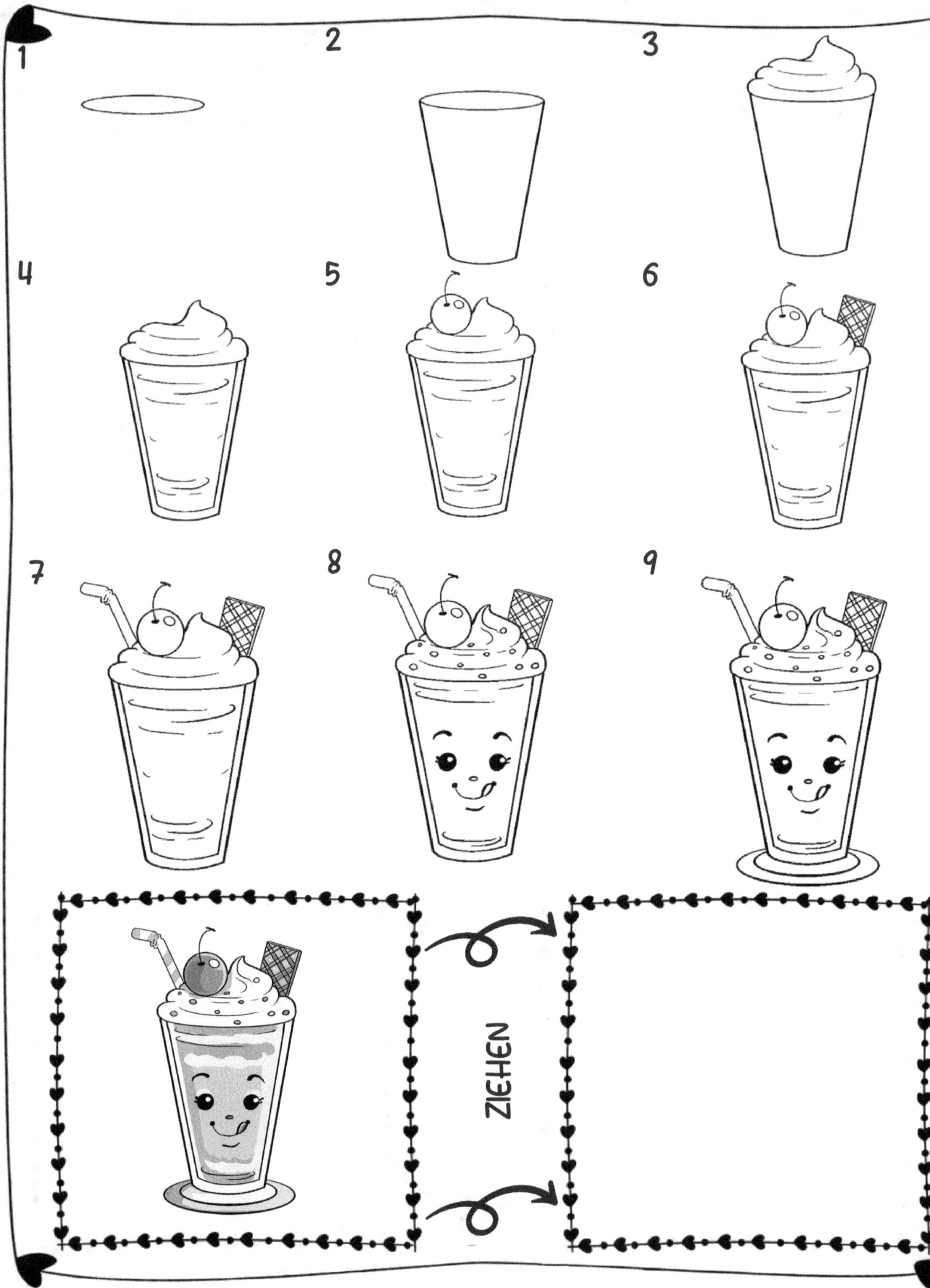

1
2
3
4
5
6
7
8
9
ZIEHEN

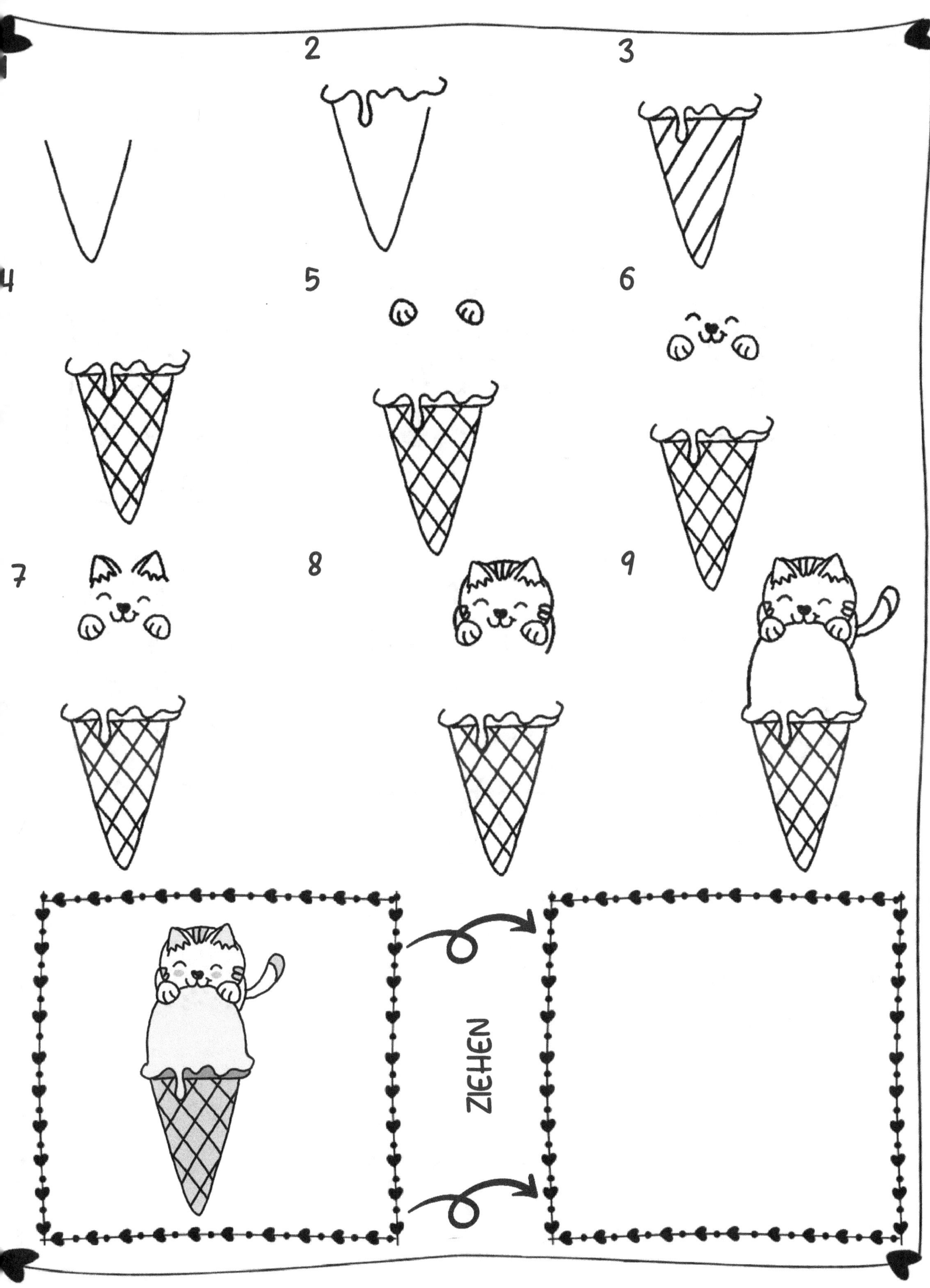

1
2
3
4
5
6
7
8
9
ZIEHEN

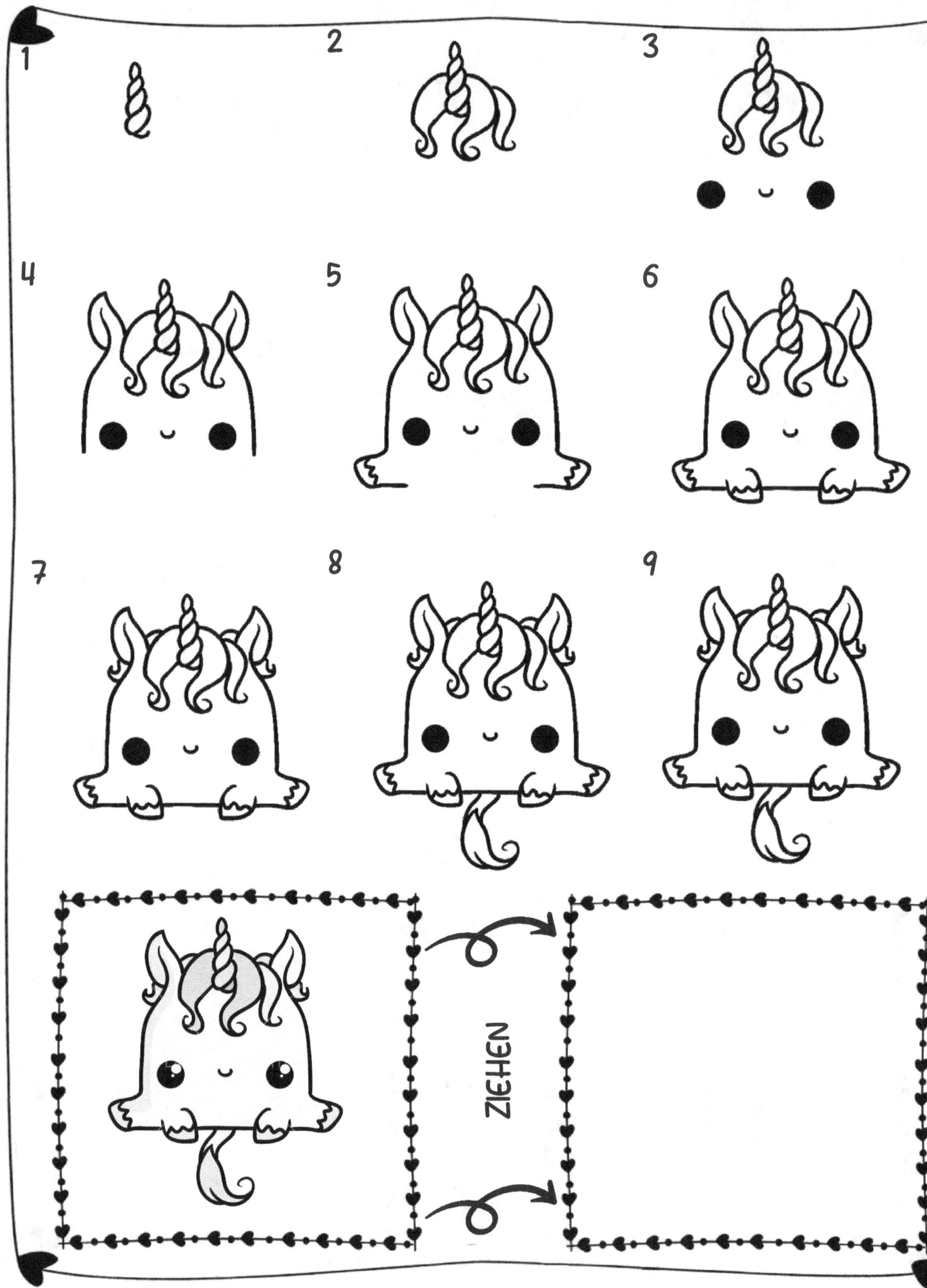

1
2
3
4
5
6
7
8
9
ZIEHEN

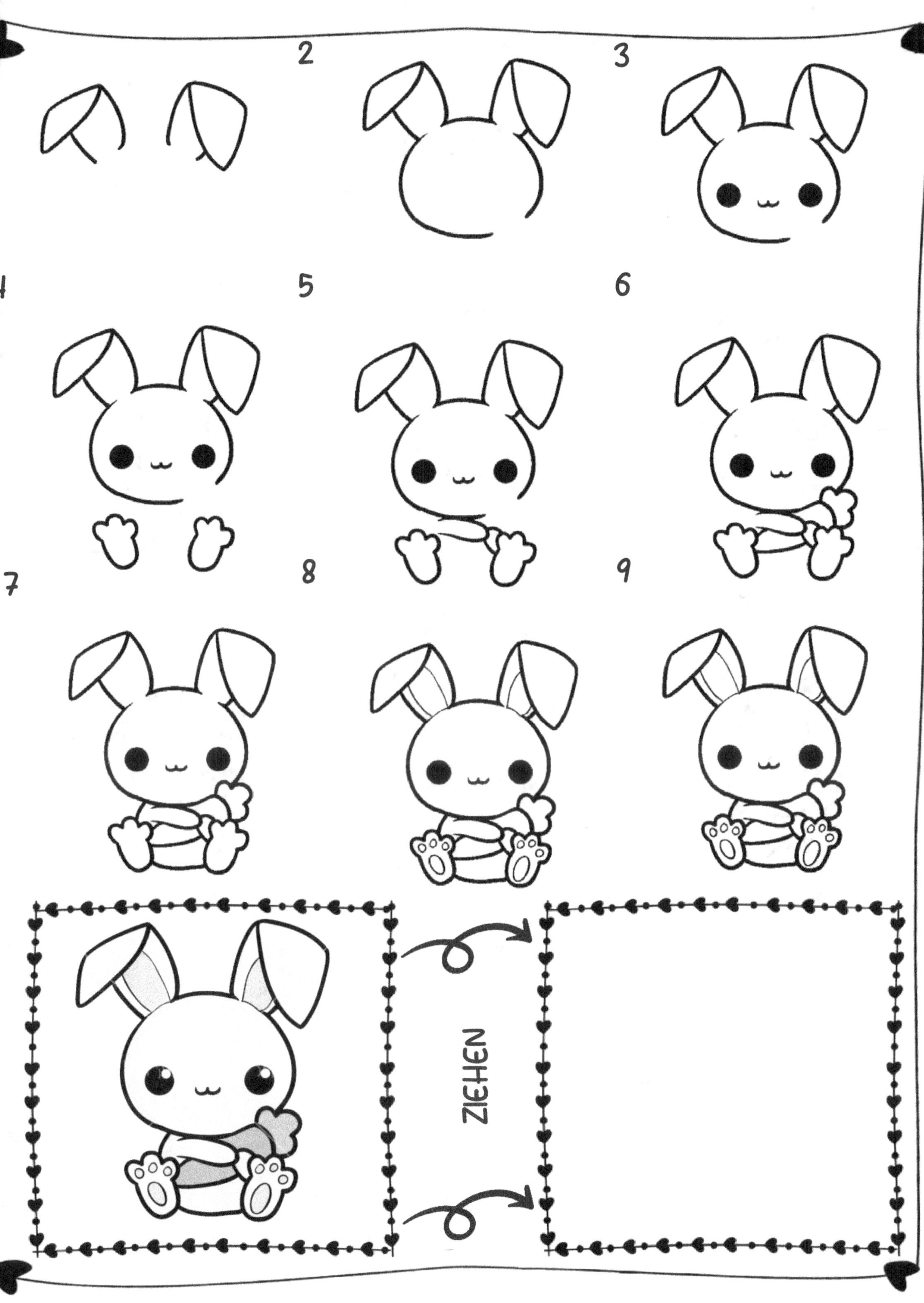
2
3
5
6
7
8
9
ZIEHEN

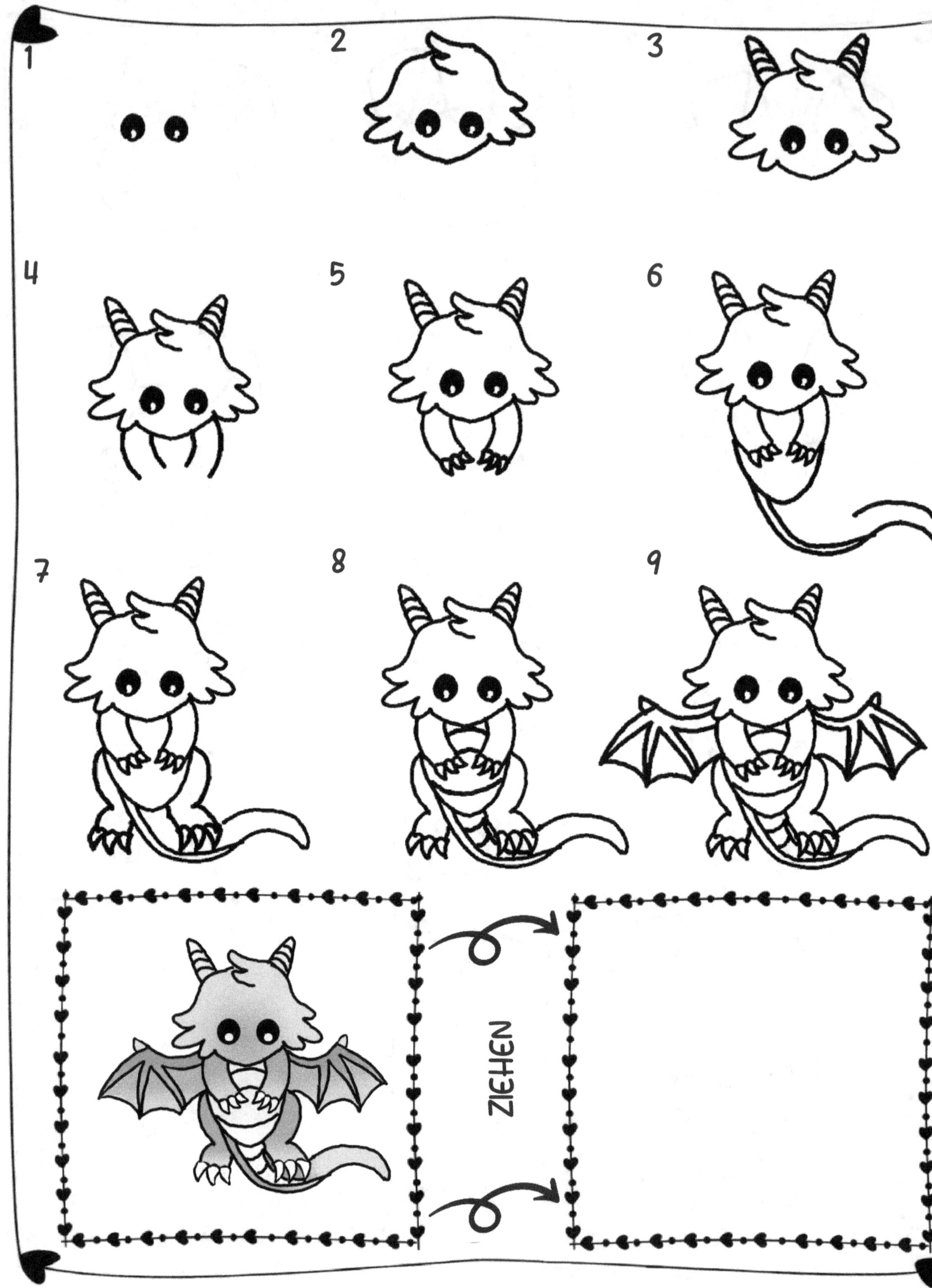
1
2
3
4
5
6
7
8
9
ZIEHEN

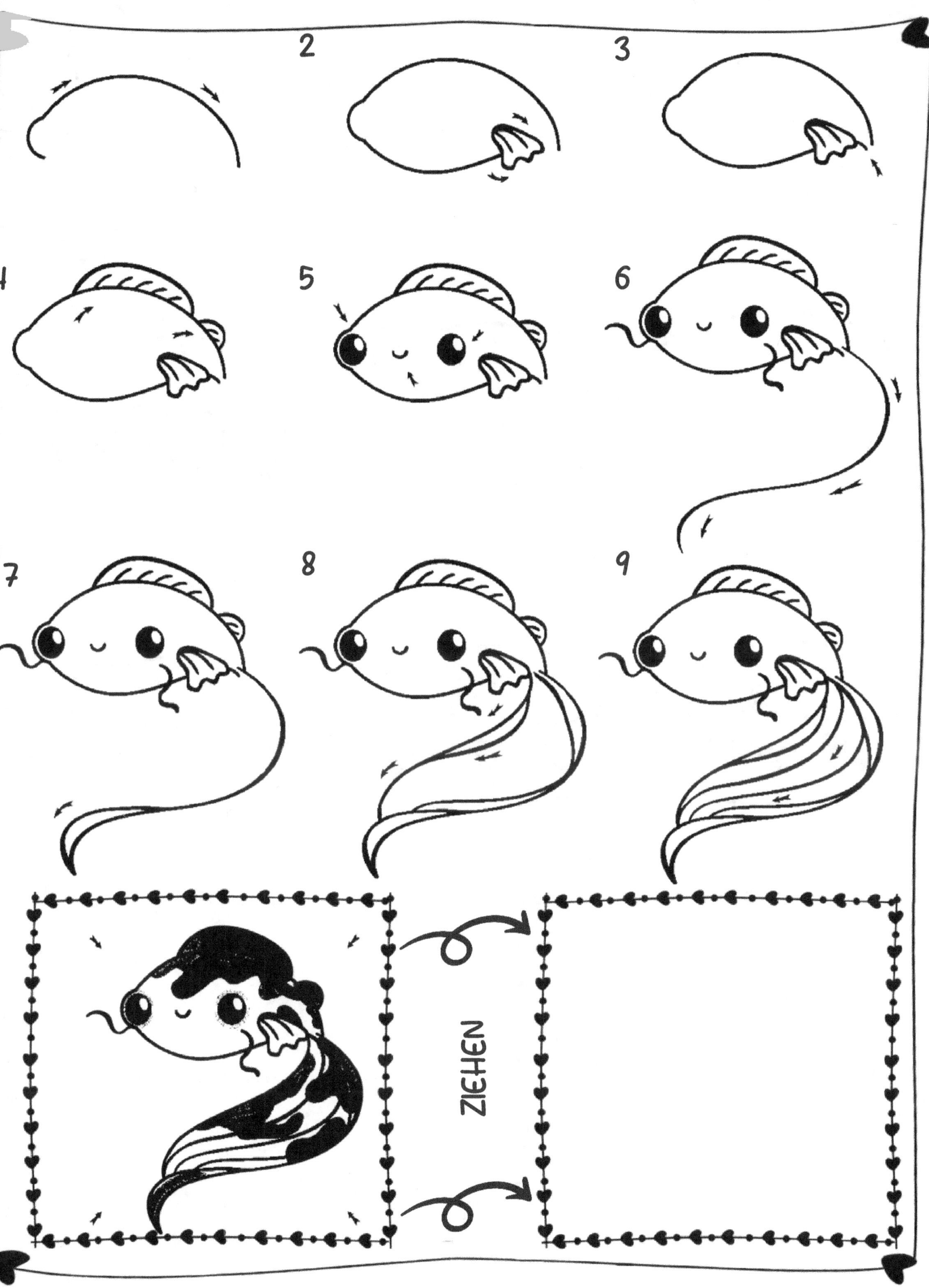

2
3
4
5
6
7
8
9
ZIEHEN

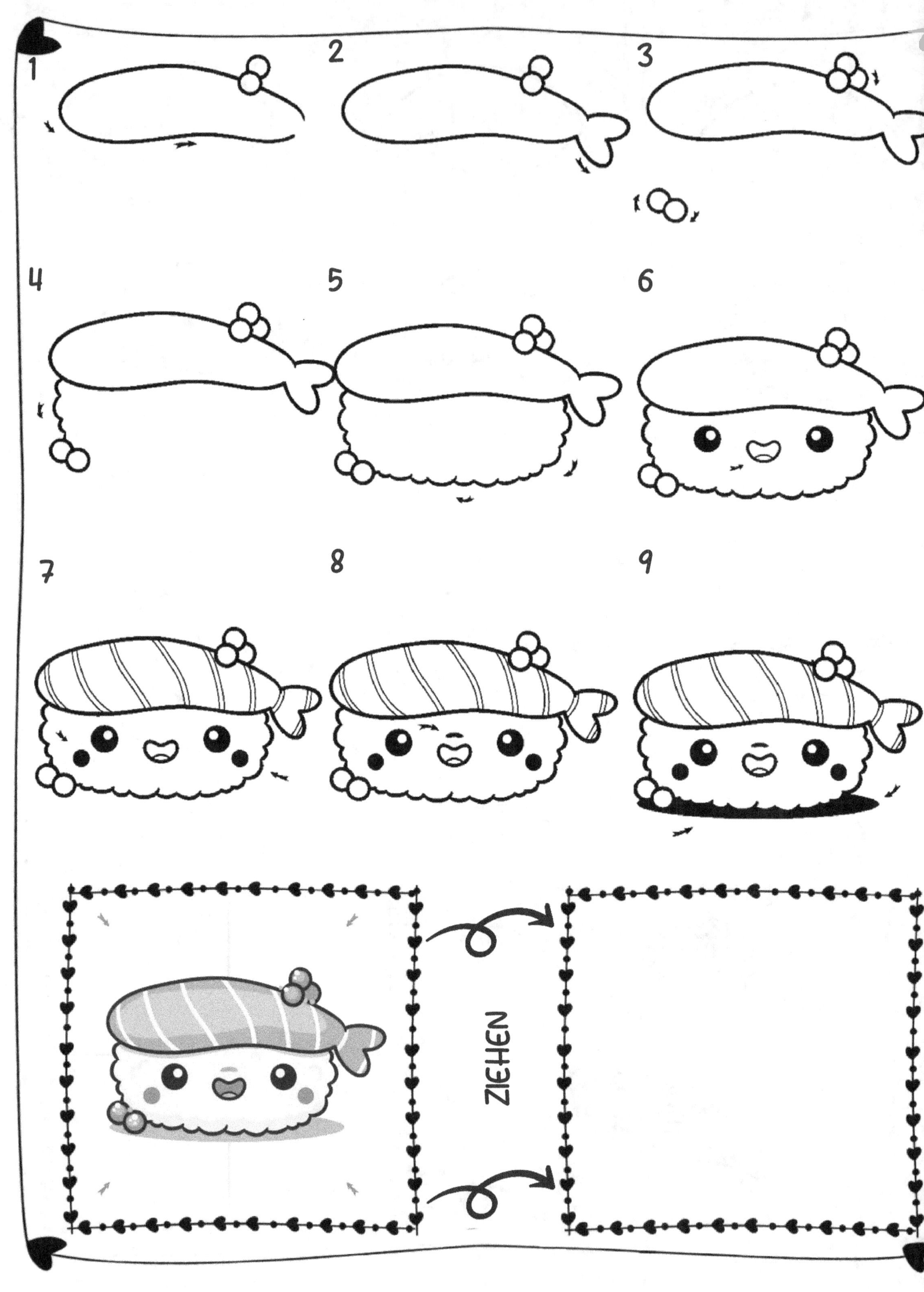

1
2
3
4
5
6
7
8
9
ZIEHEN

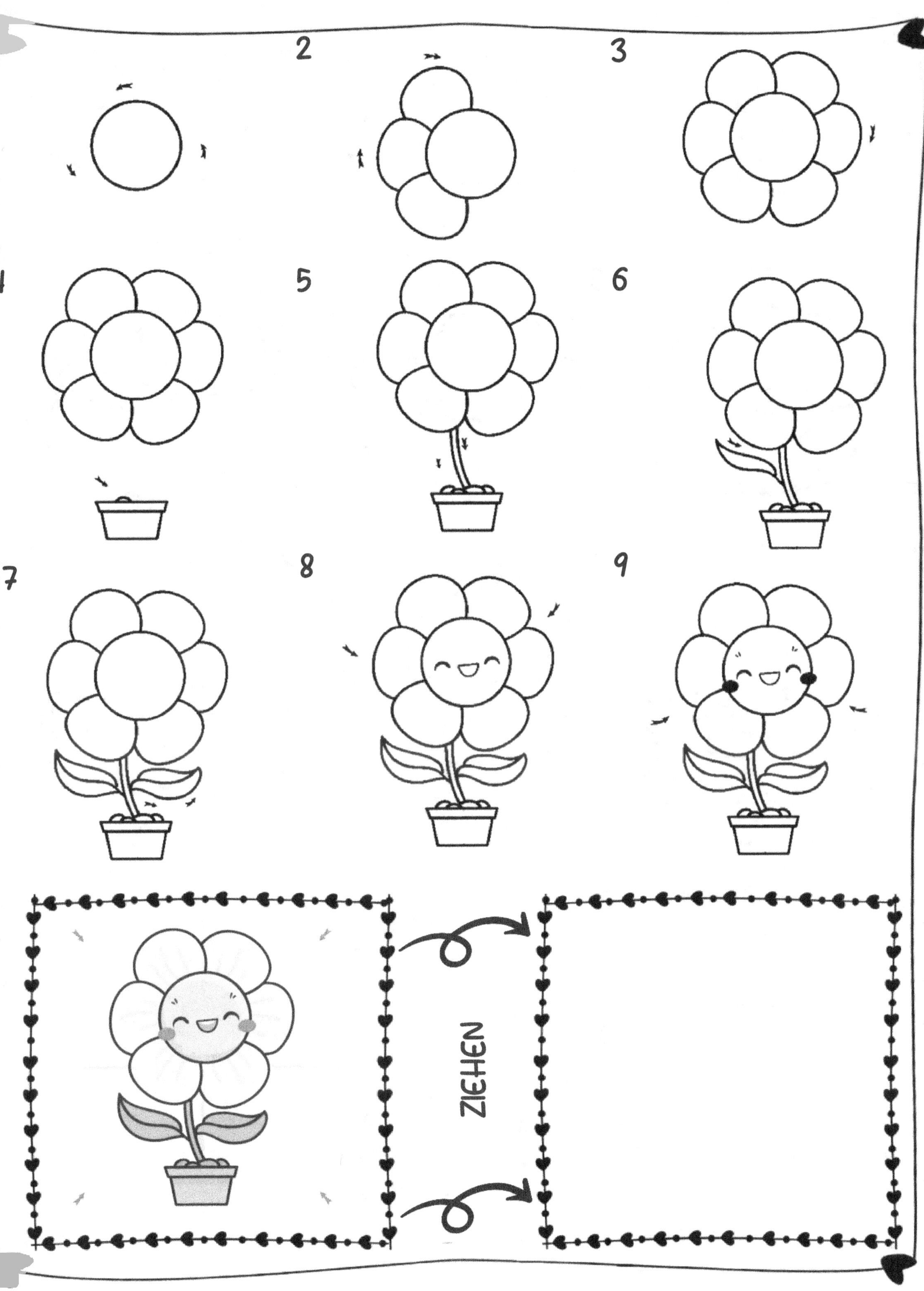

2
3
4
5
6
7
8
9
ZIEHEN

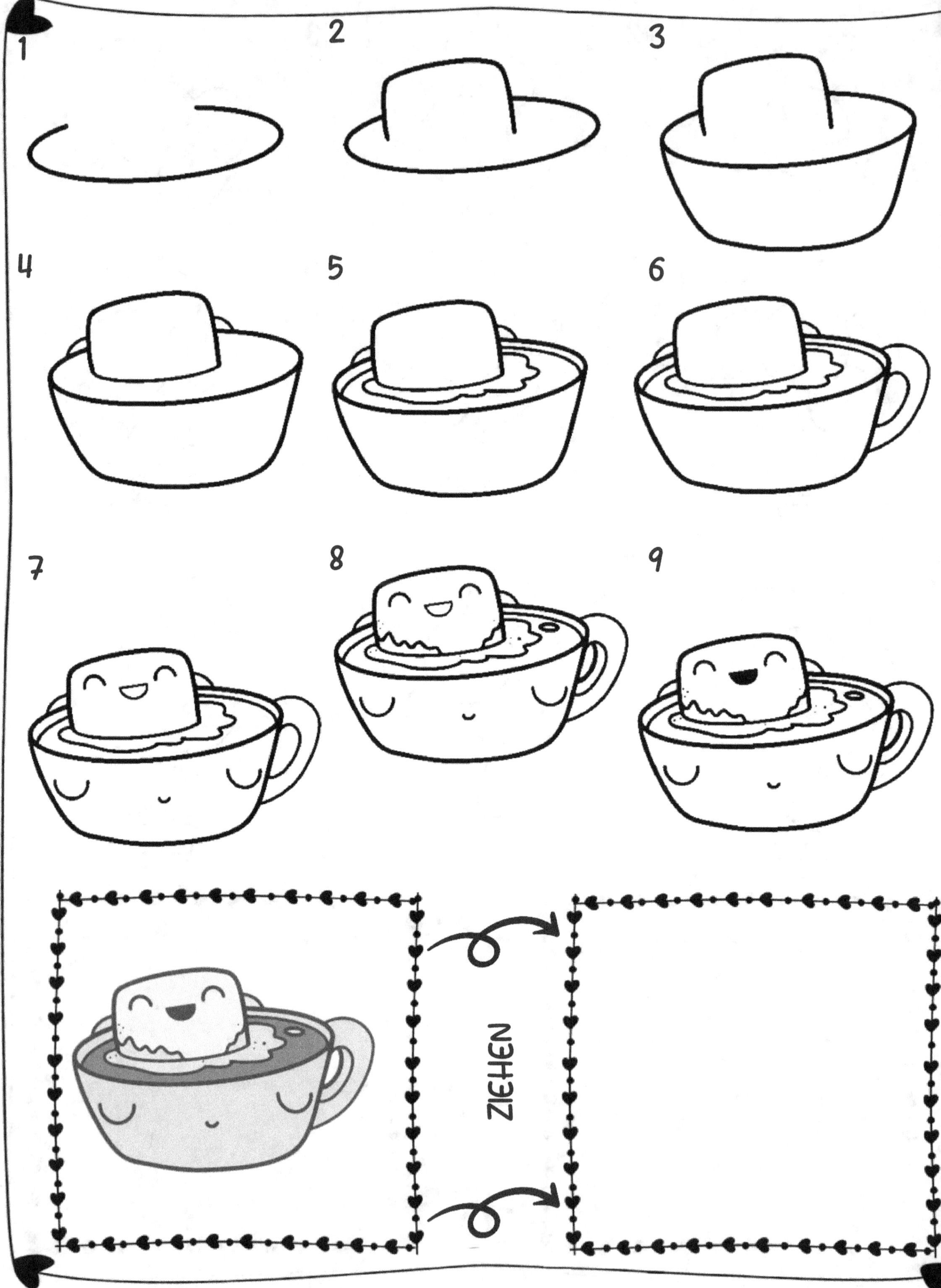

1
2
3
4
5
6
7
8
9
ZIEHEN

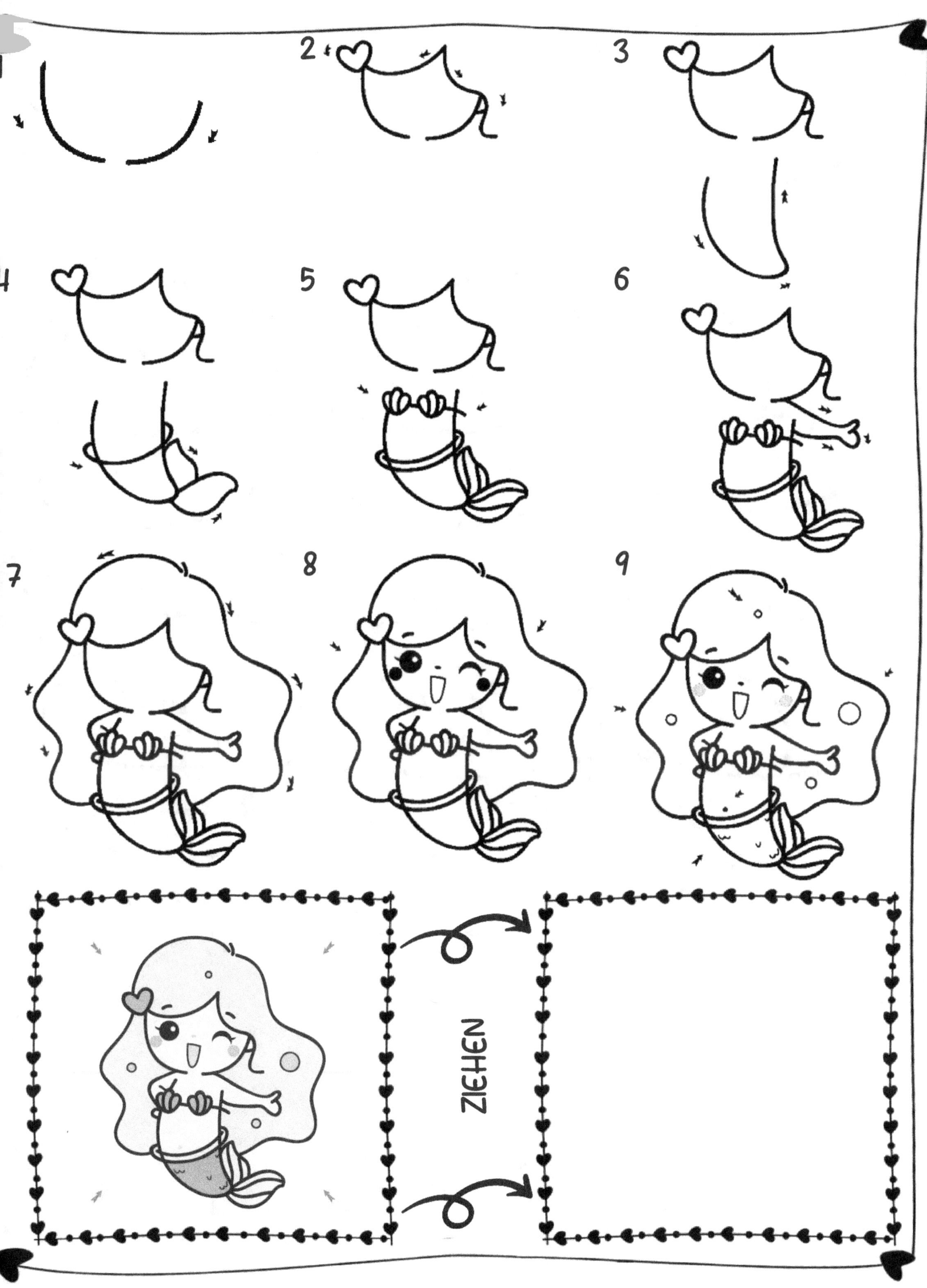

2
3
4
5
6
7
8
9
ZIEHEN

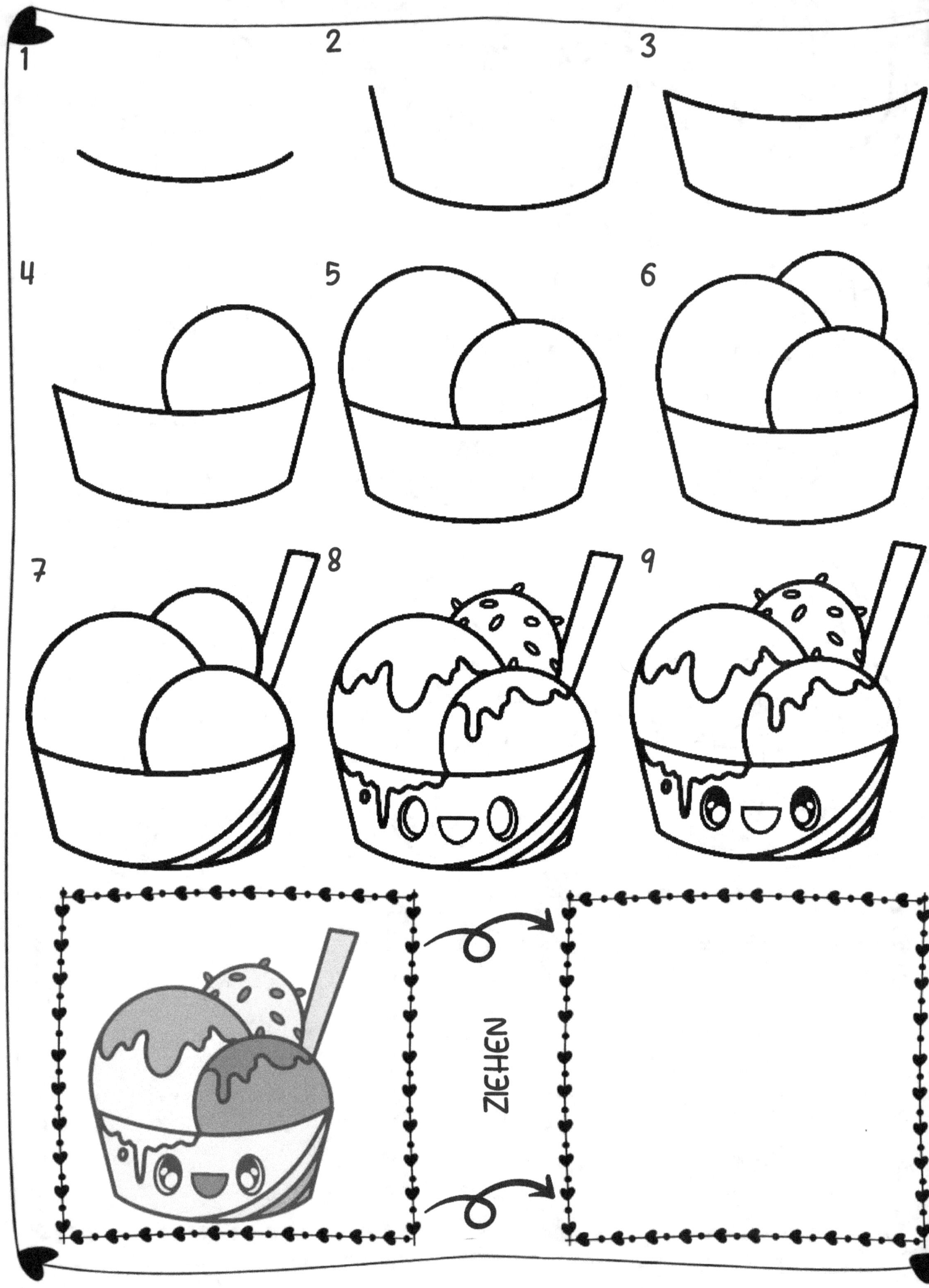

1
2
3
4
5
6
7
8
9
ZIEHEN

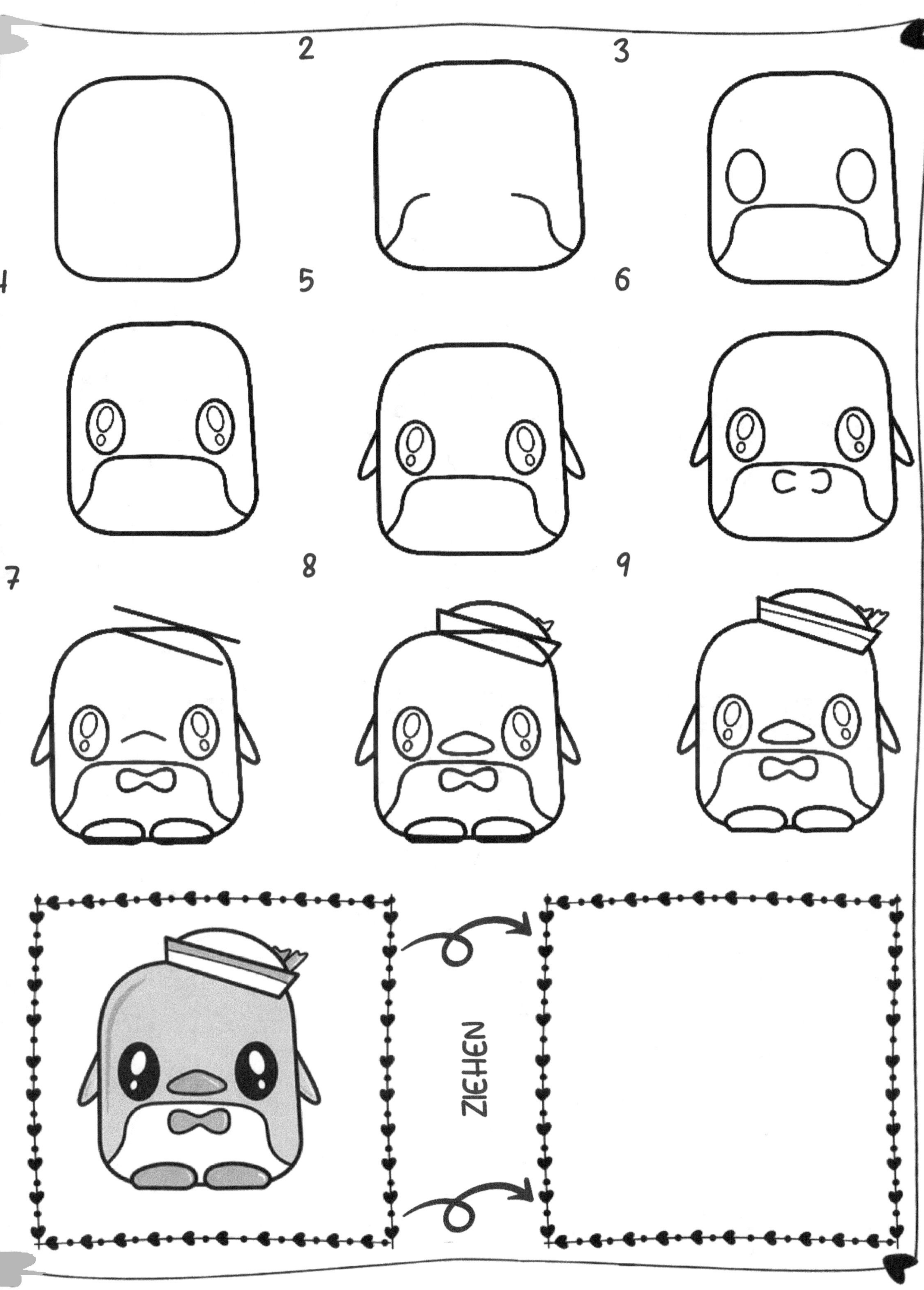

2
3
4
5
6
7
8
9
ZIEHEN

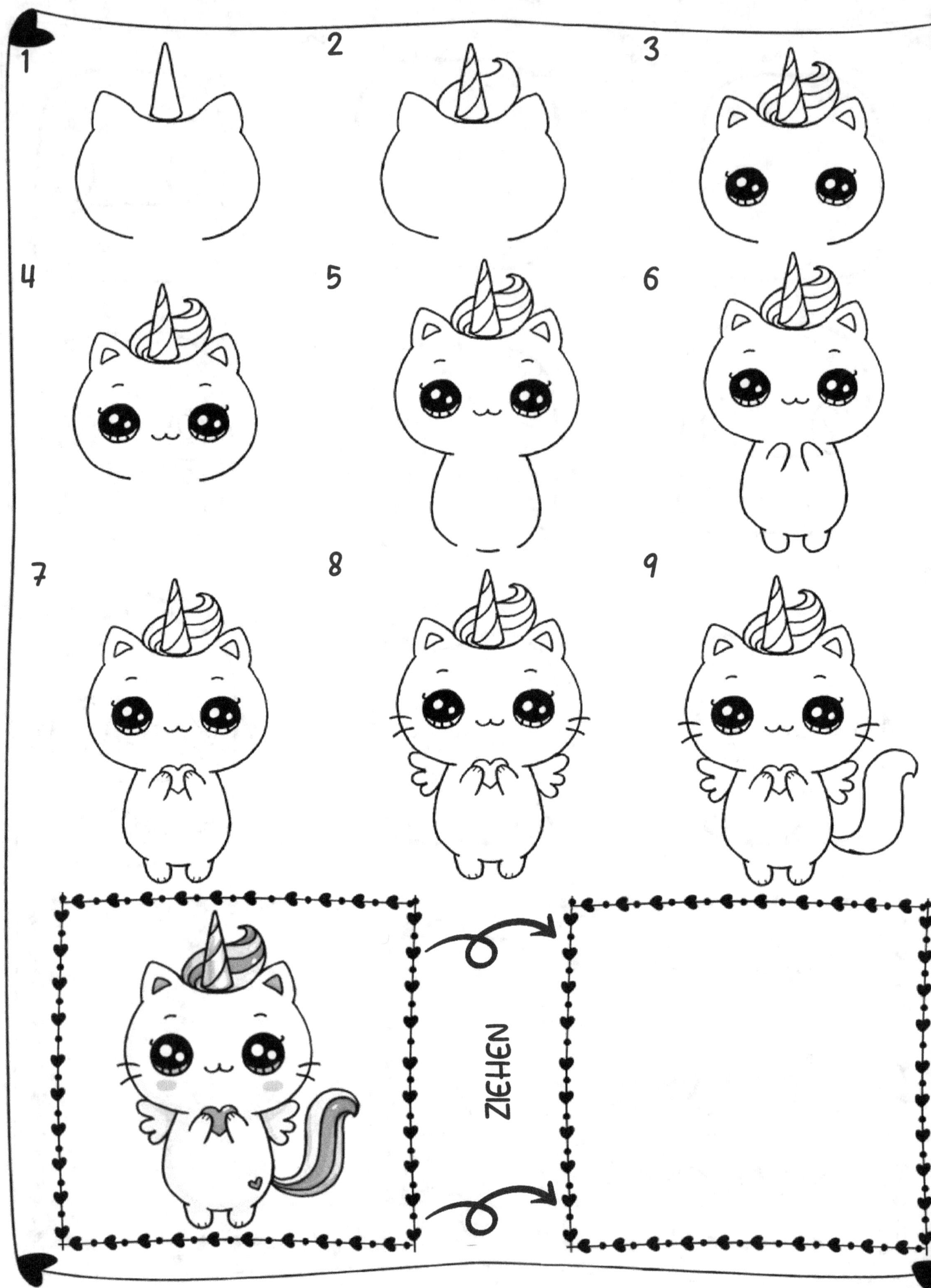

1
2
3
4
5
6
7
8
9
ZIEHEN

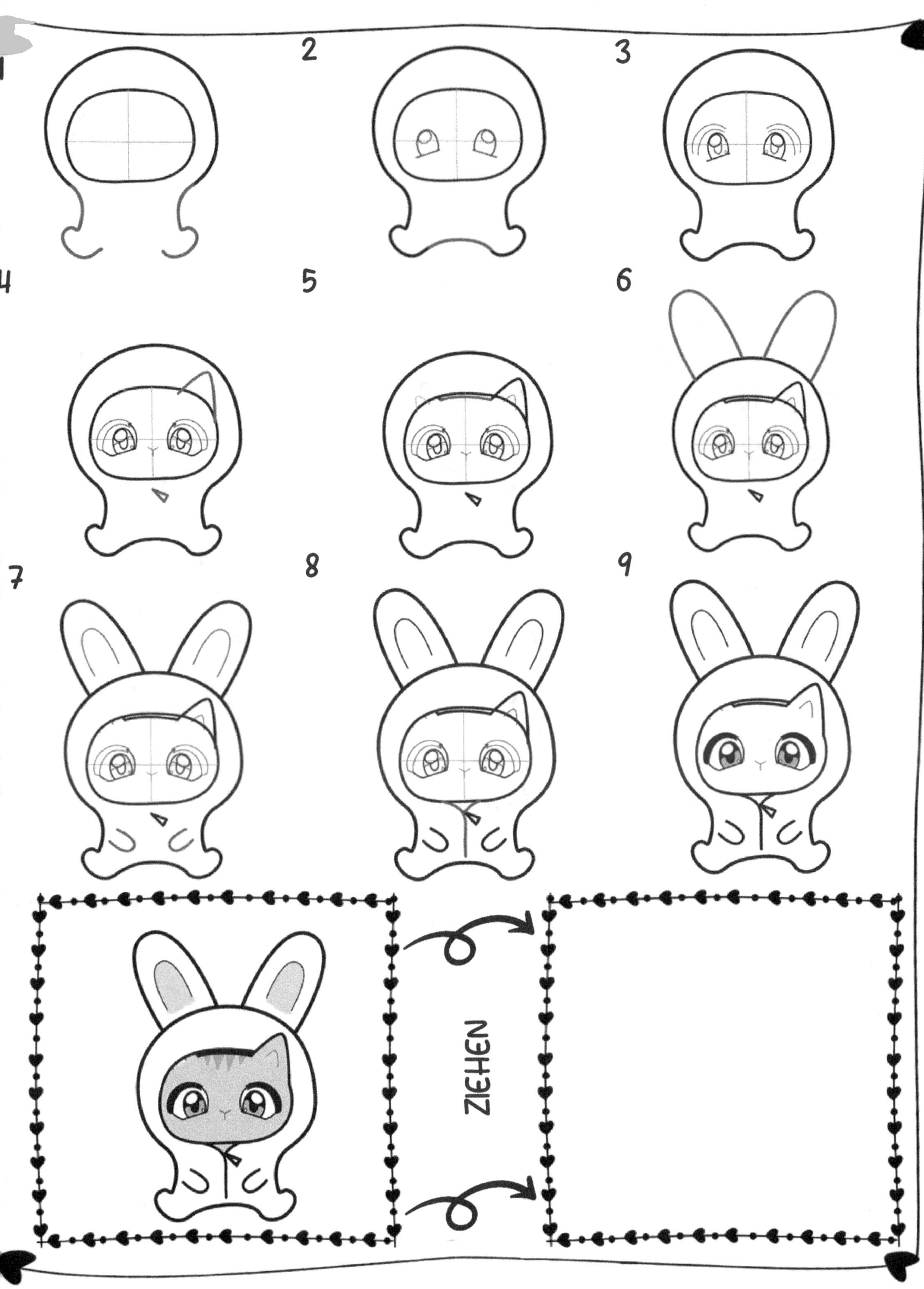

2
3
4
5
6
7
8
9
ZIEHEN

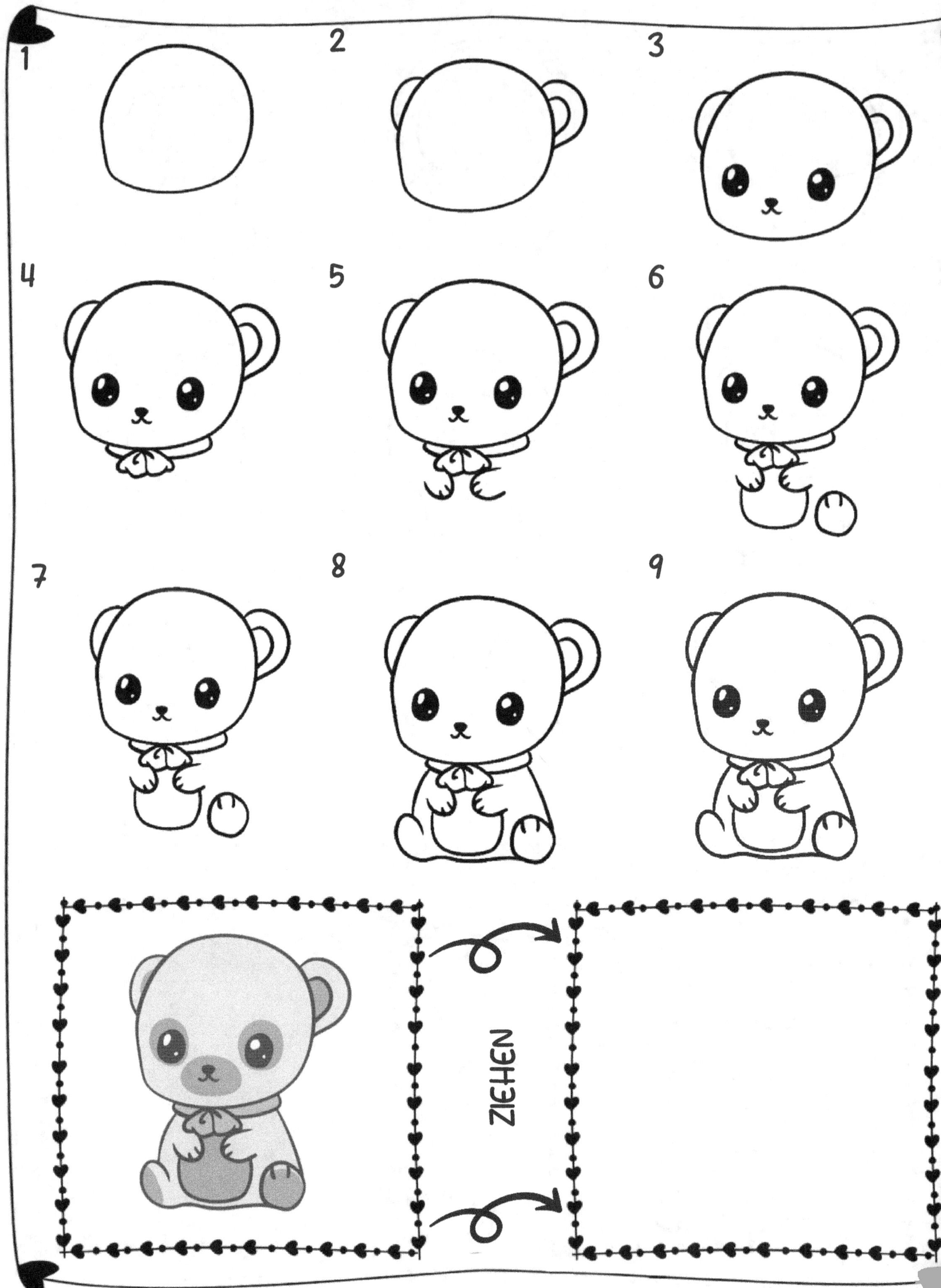

1
2
3
4
5
6
7
8
9
ZIEHEN

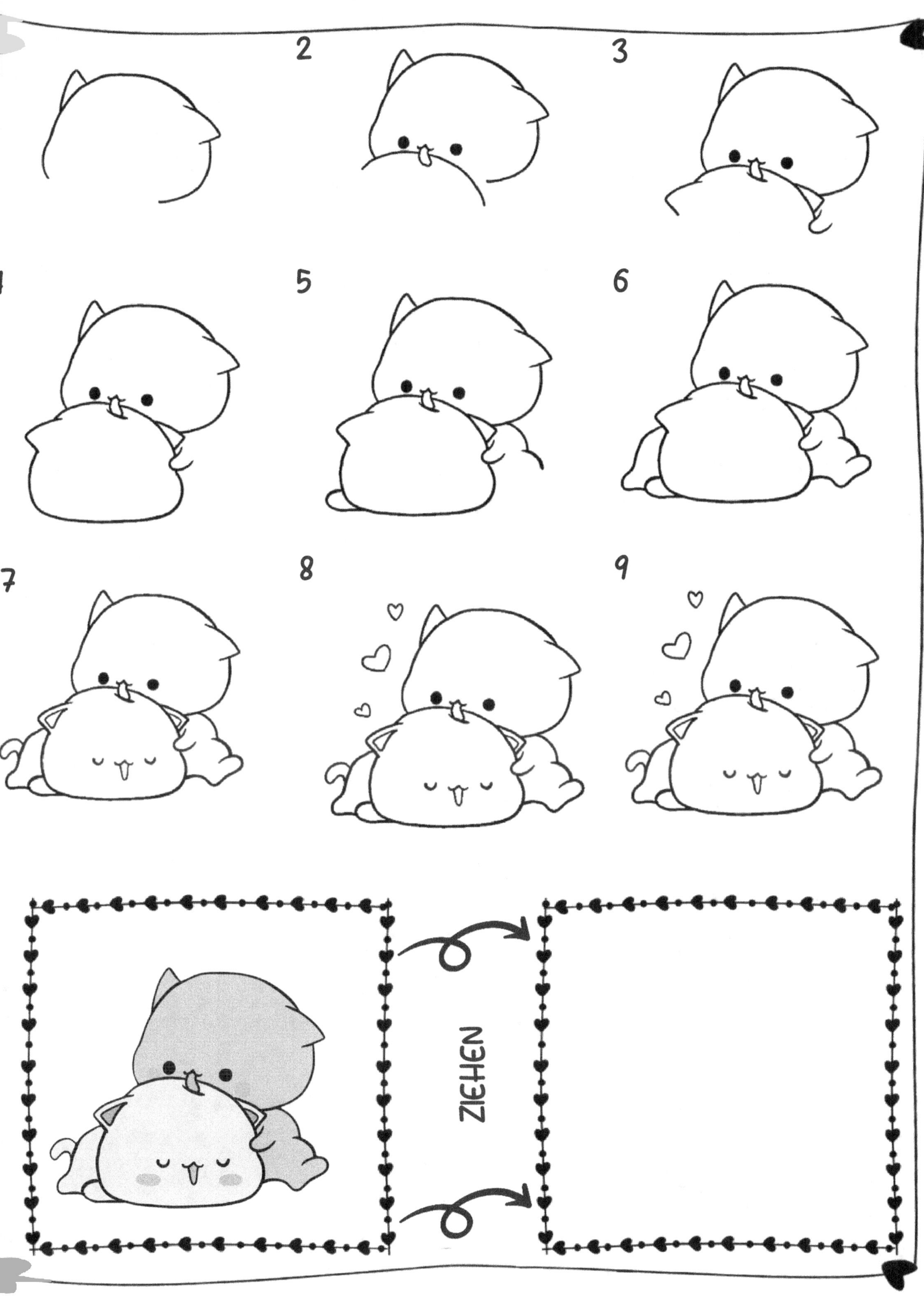
2
3
4
5
6
7
8
9
ZIEHEN

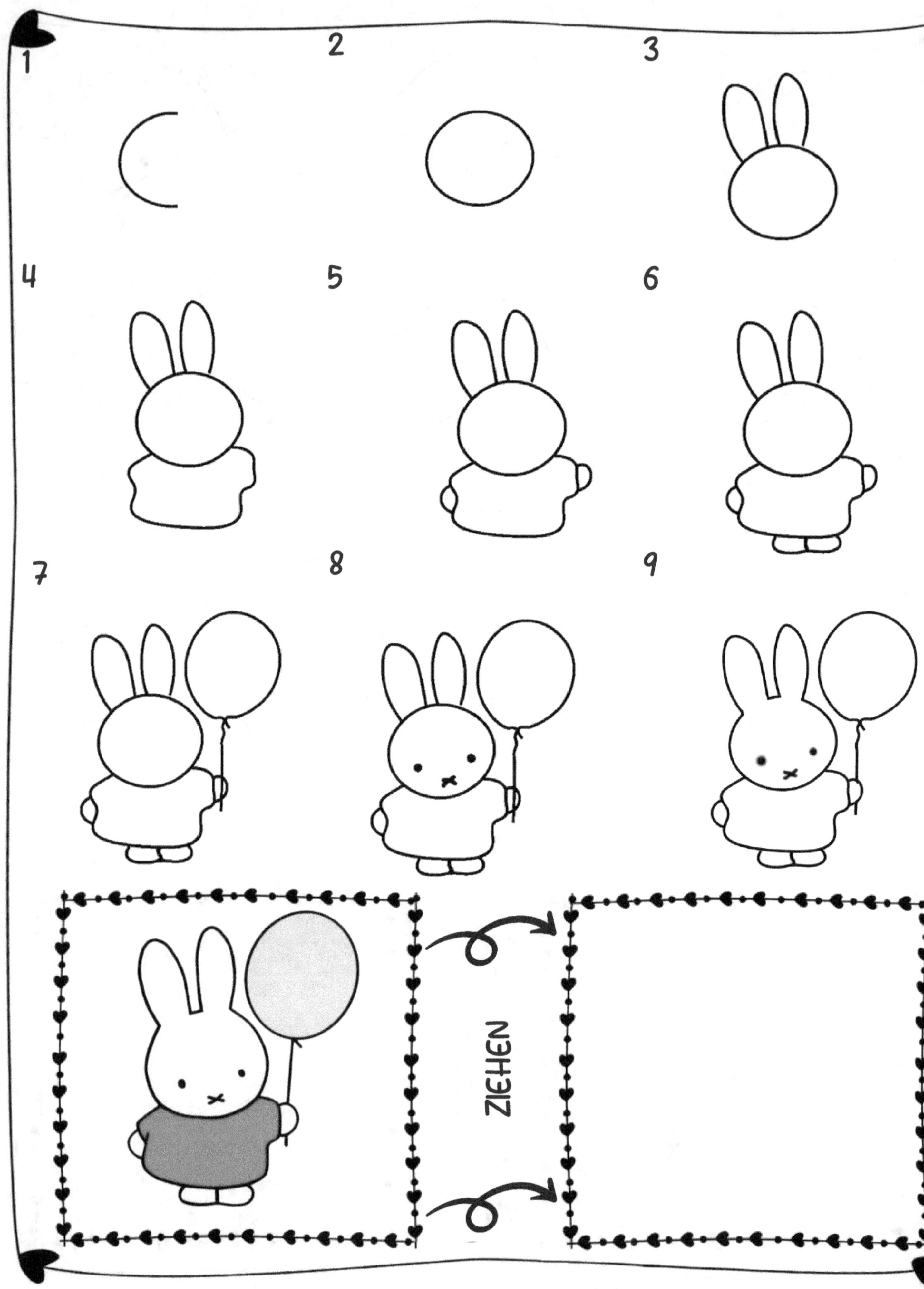
1
2
3
4
5
6
7
8
9
ZIEHEN

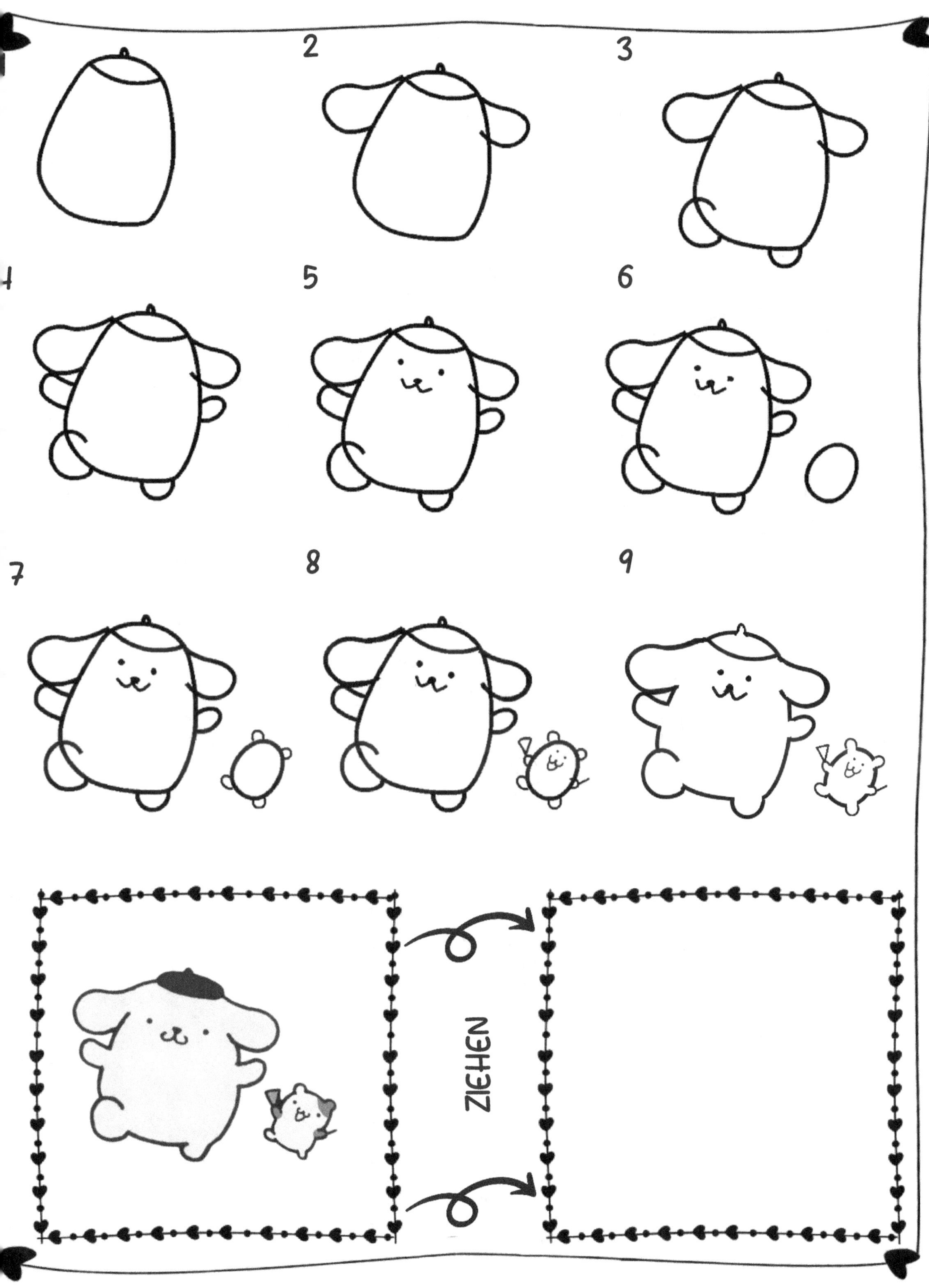
2
3
5
6
7
8
9
ZIEHEN

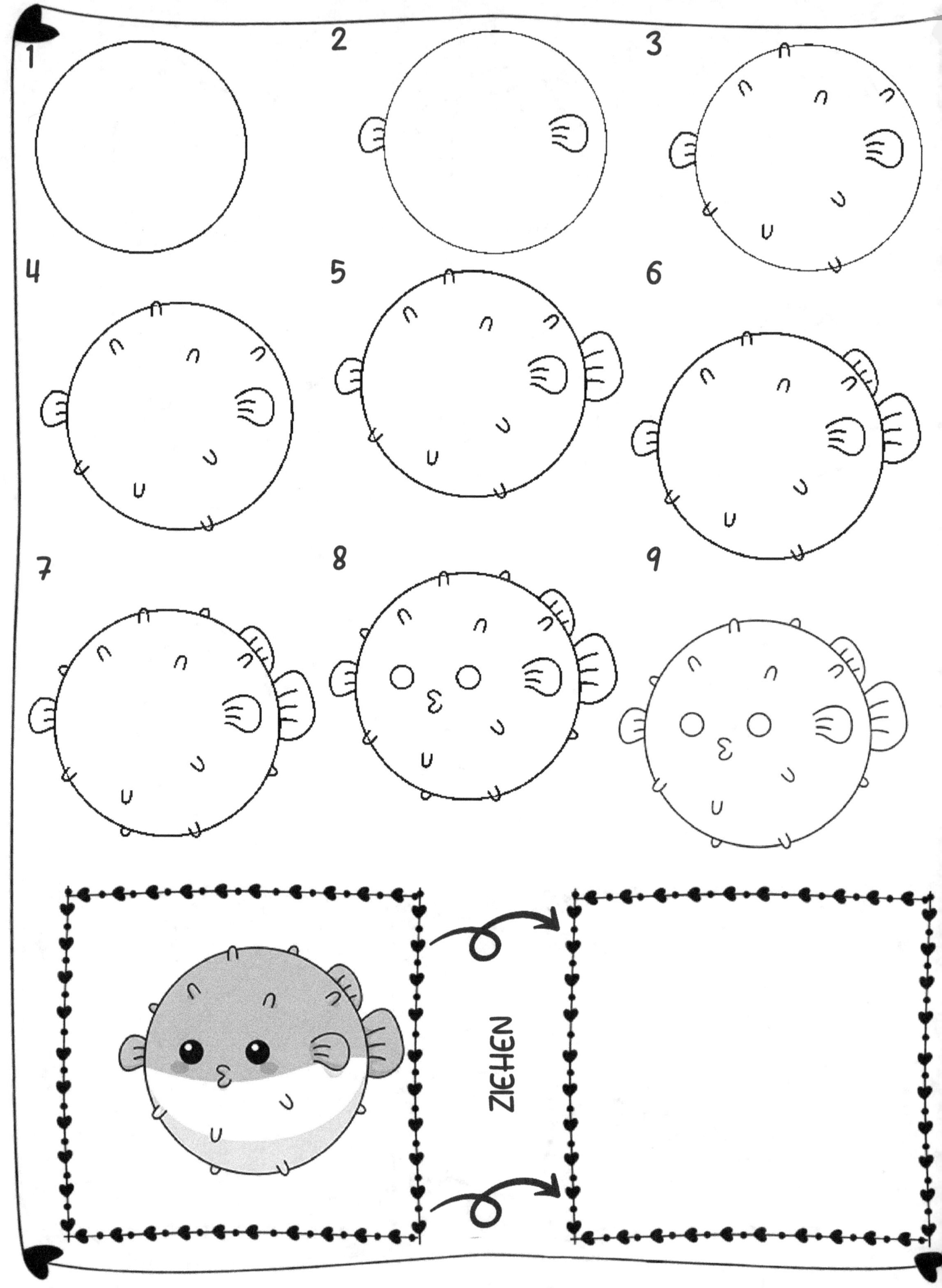

1
2
3
4
5
6
7
8
9
ZIEHEN

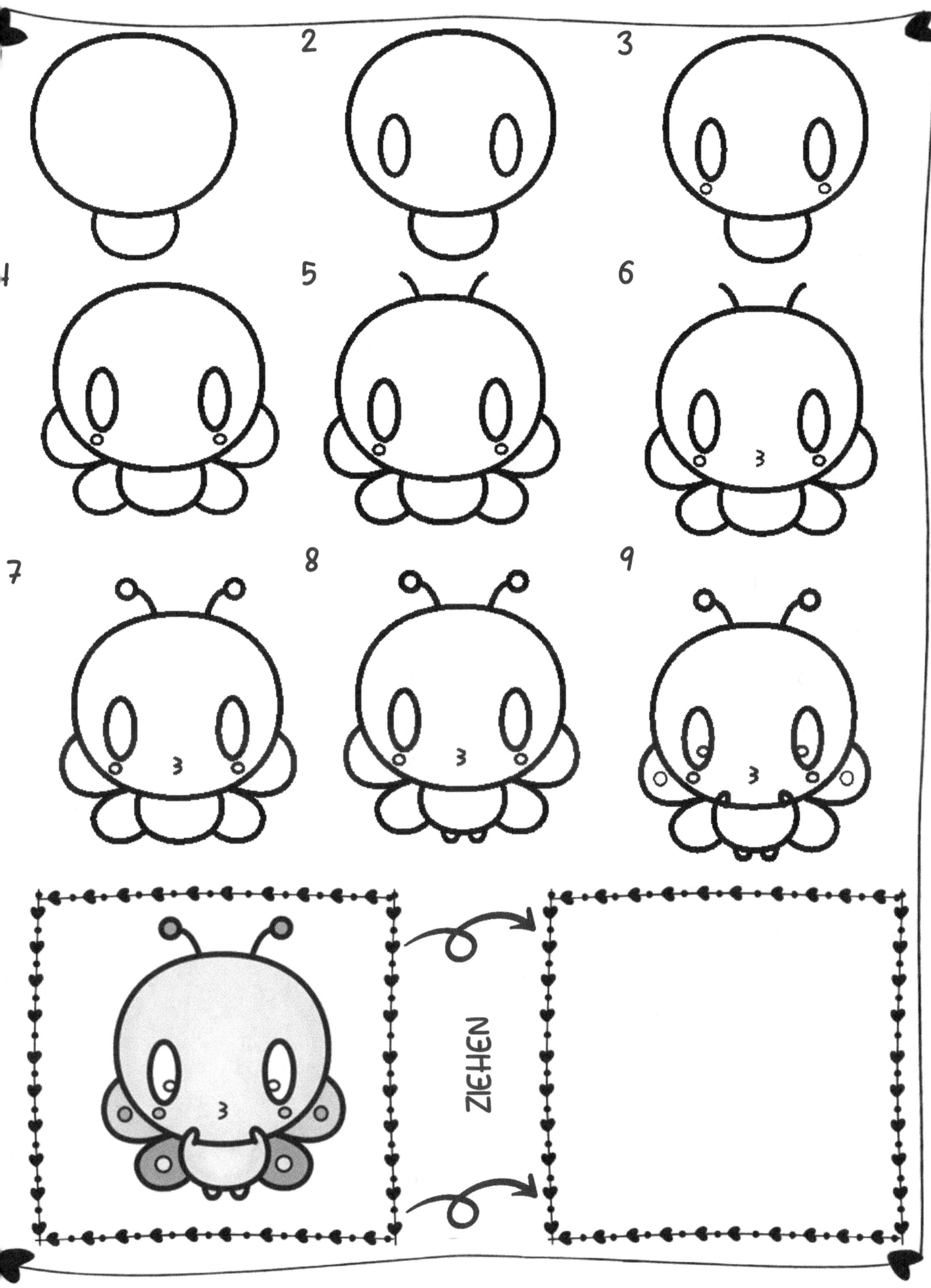

2
3
4
5
6
7
8
9
ZIEHEN

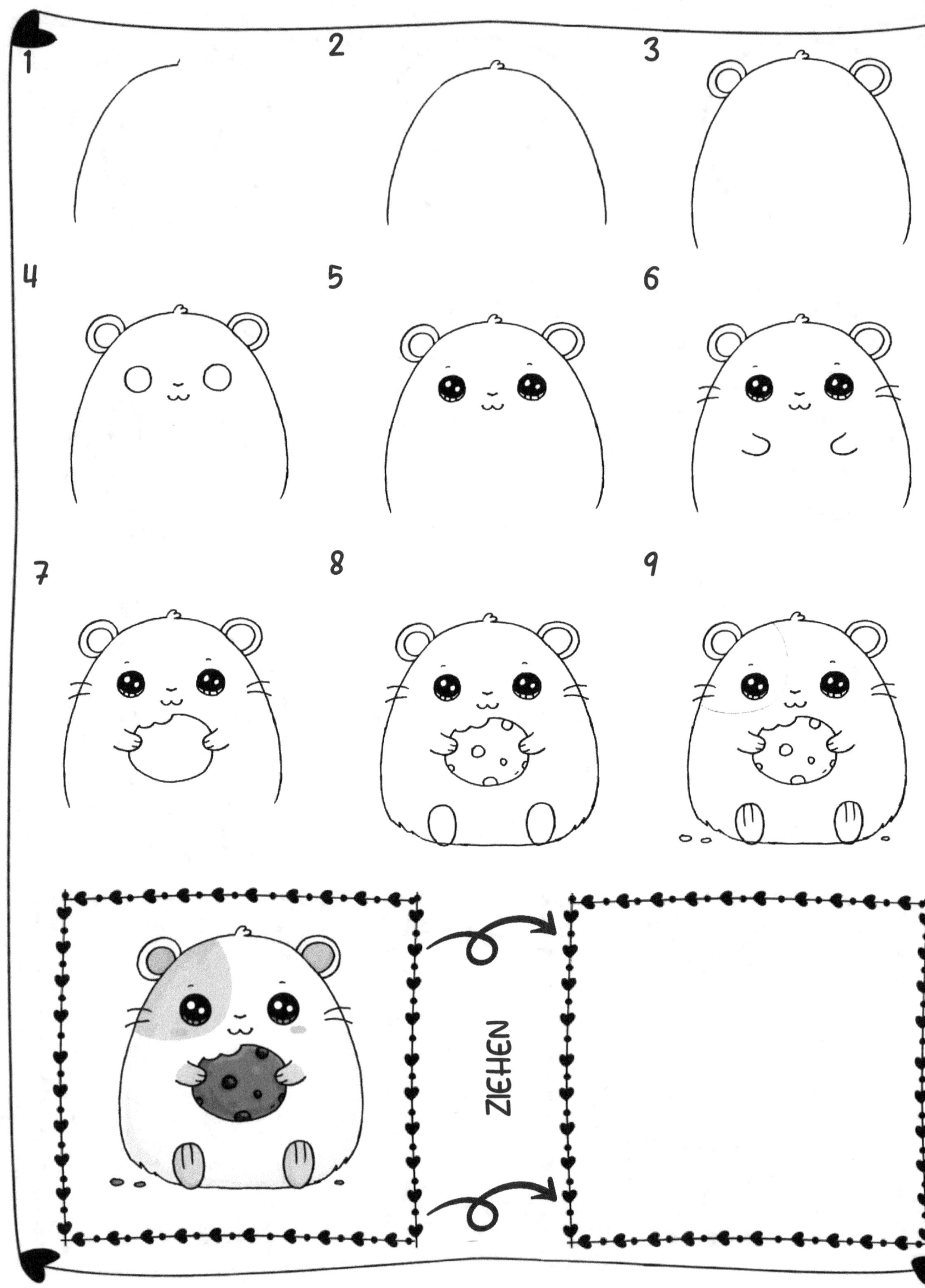

1
2
3
4
5
6
7
8
9
ZIEHEN

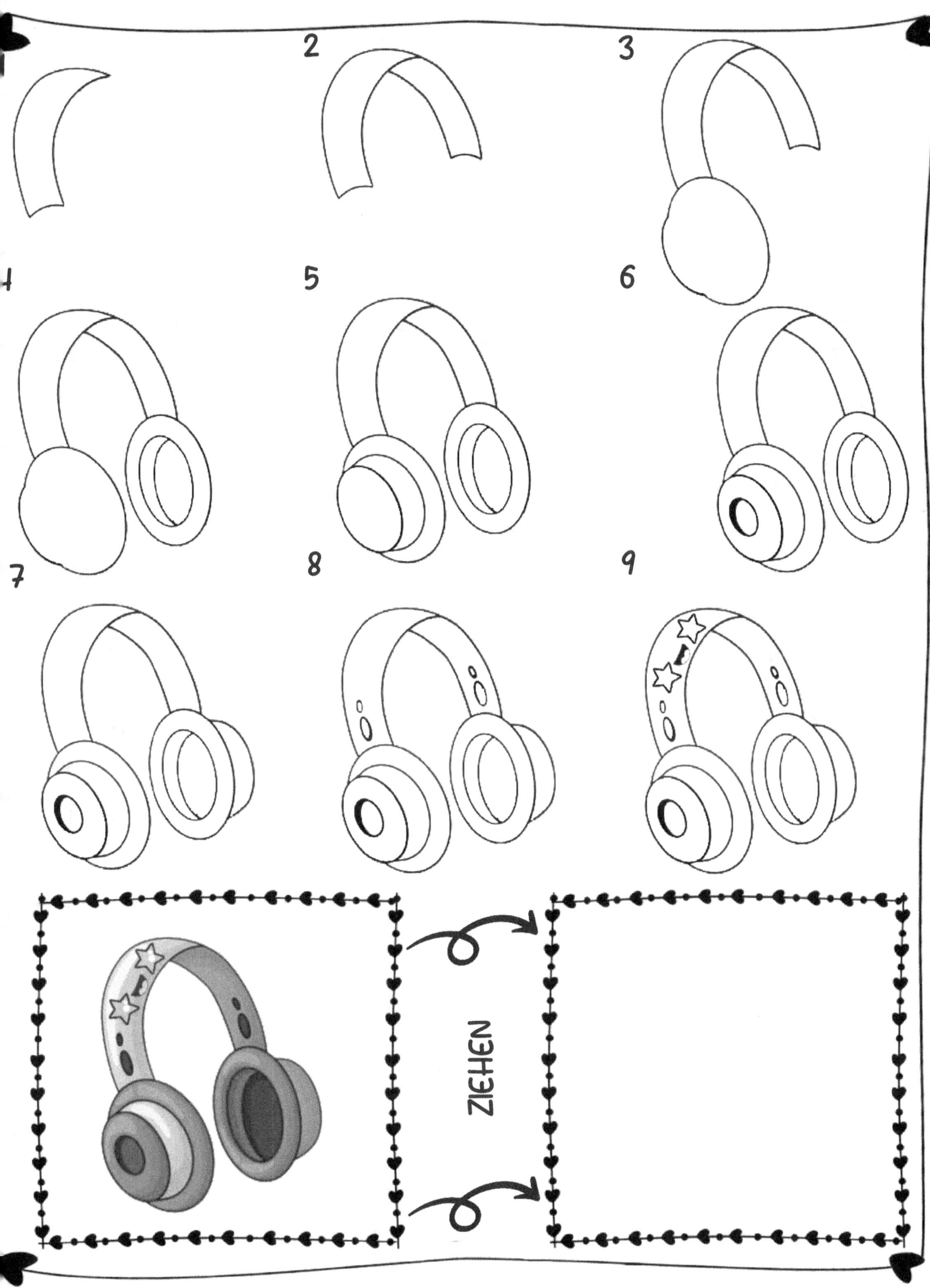

2
3
4
5
6
7
8
9
ZIEHEN

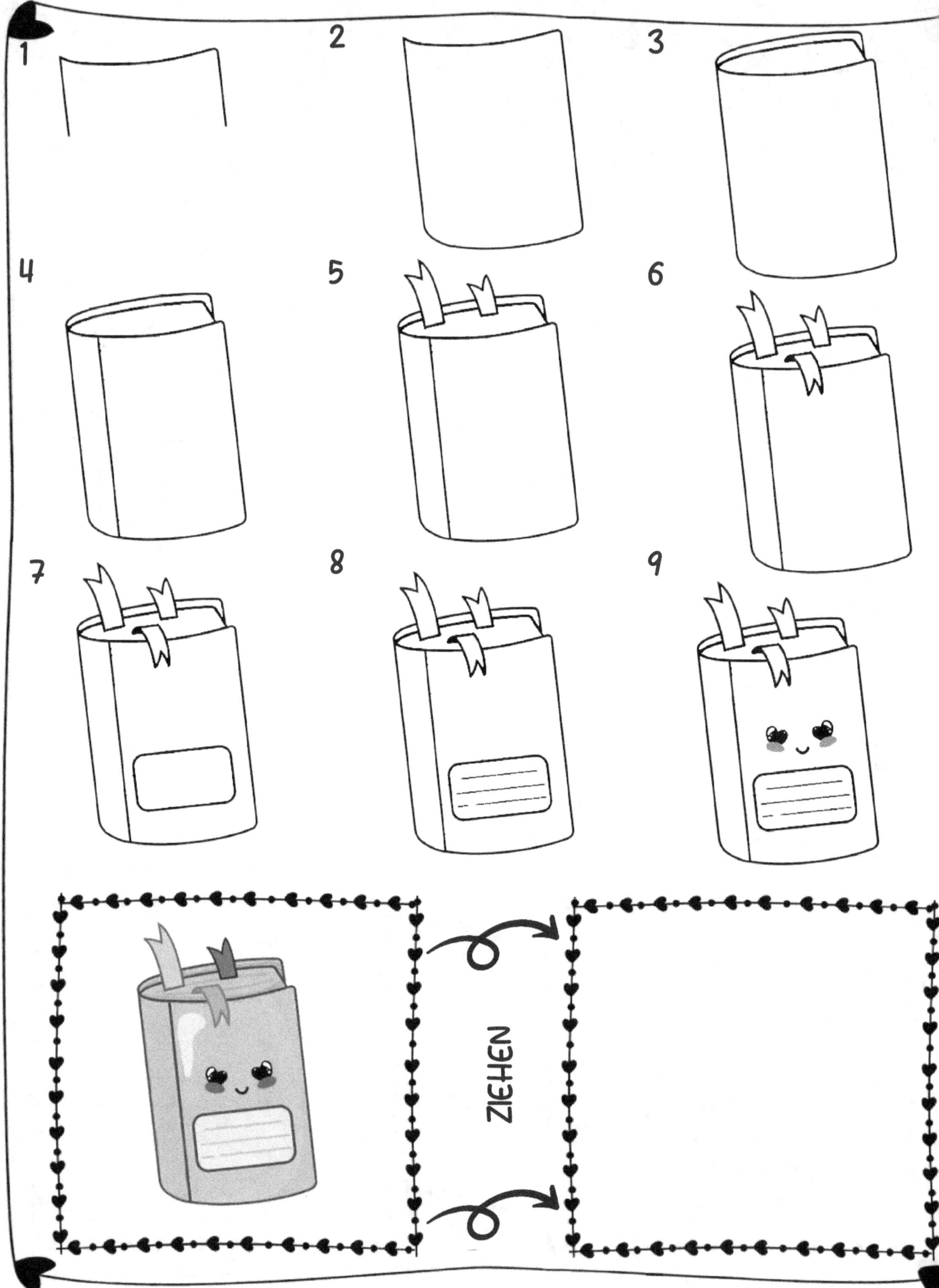

1
2
3
4
5
6
7
8
9
ZIEHEN

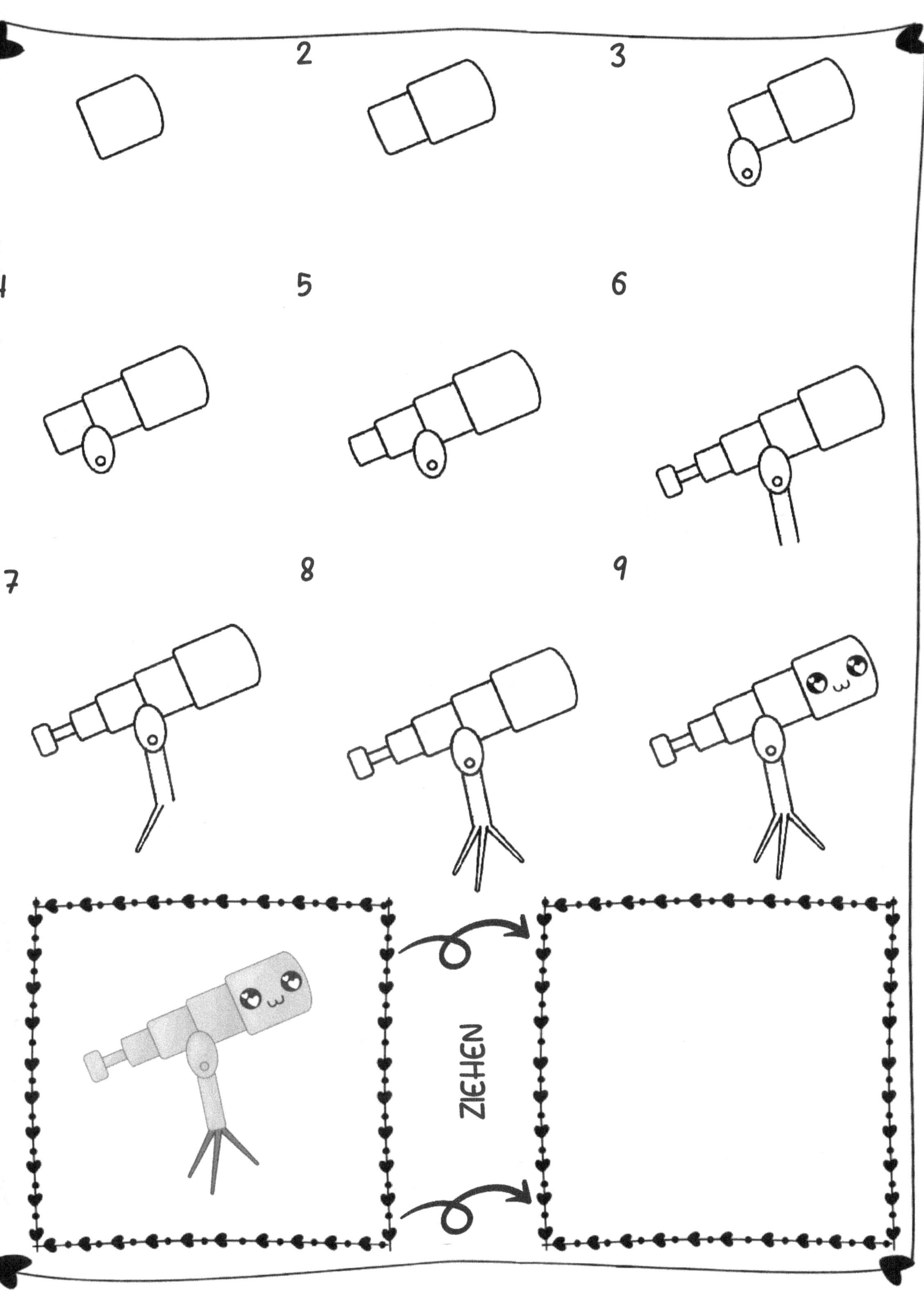

2
3
4
5
6
7
8
9
ZIEHEN

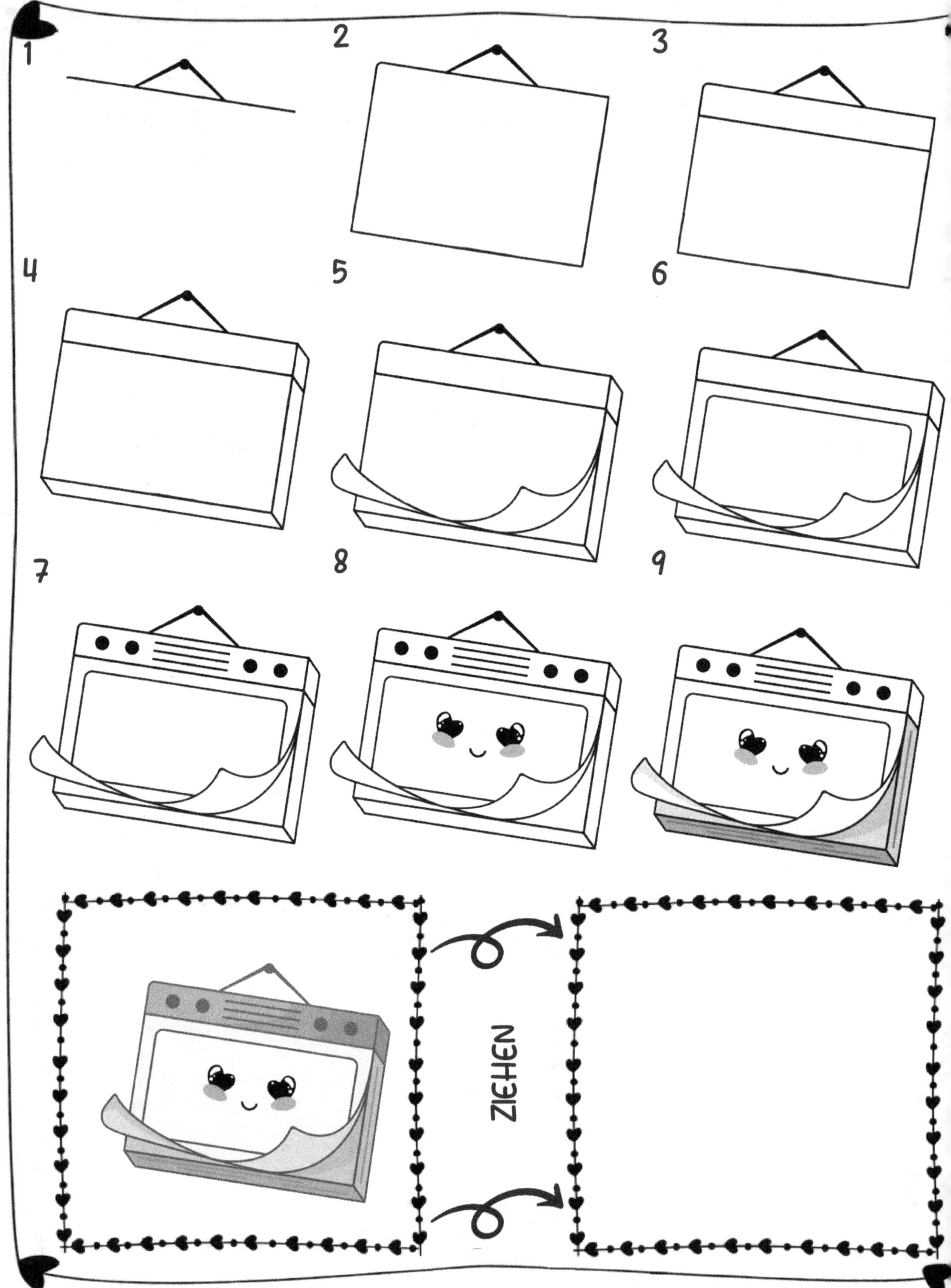

1
2
3
4
5
6
7
8
9
ZIEHEN

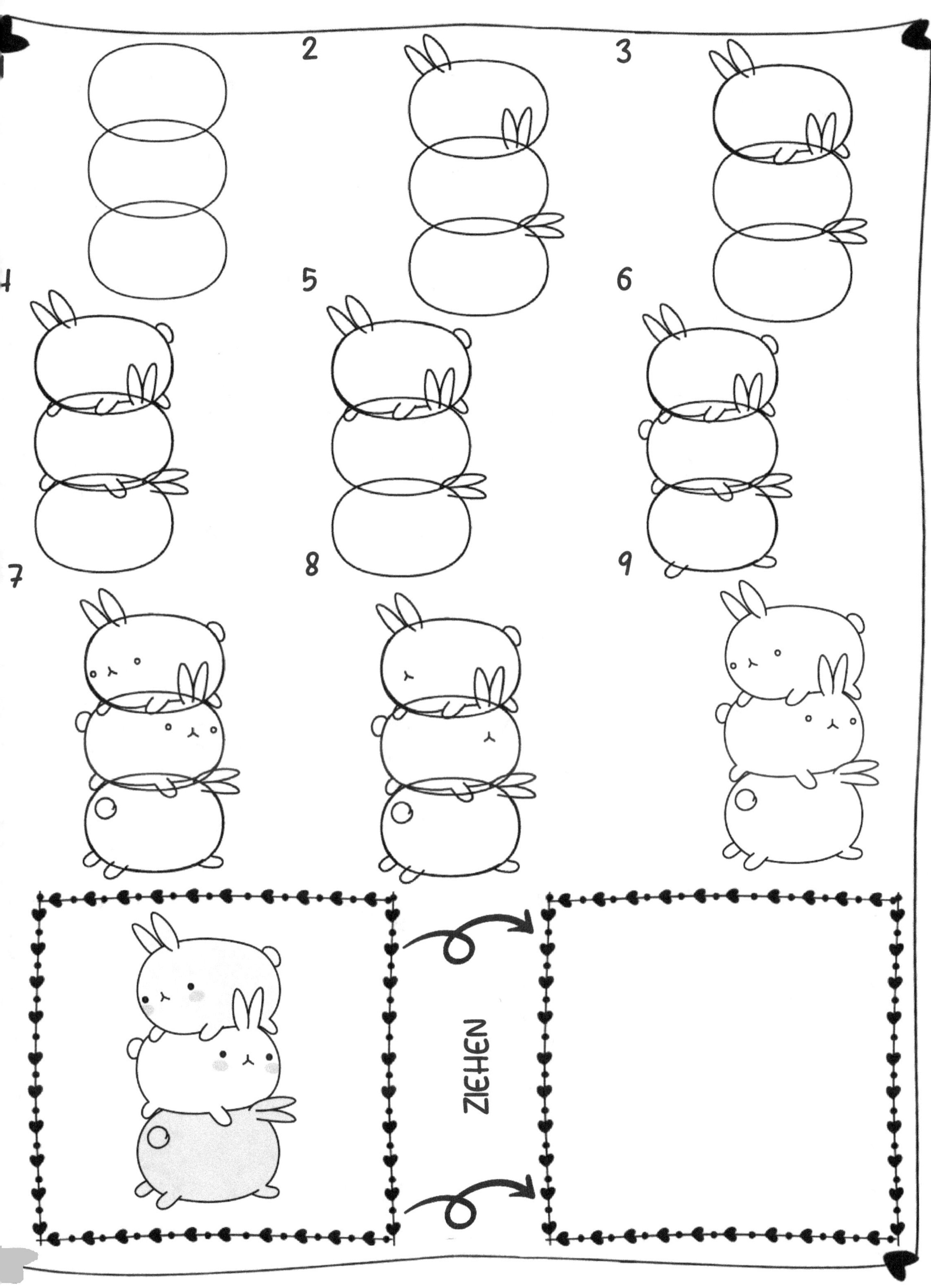

2
3
4
5
6
7
8
9
ZIEHEN

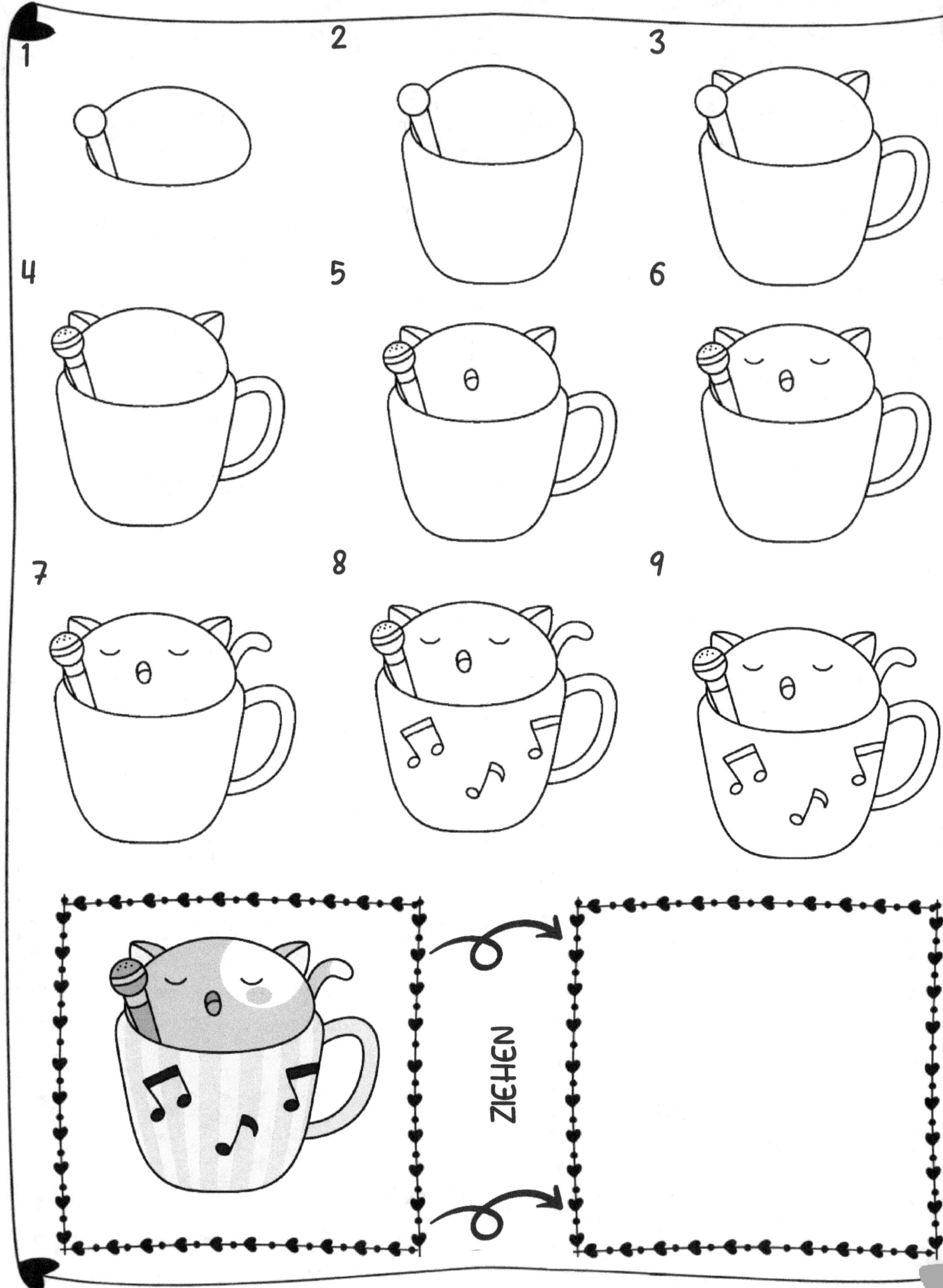

ZIEHEN

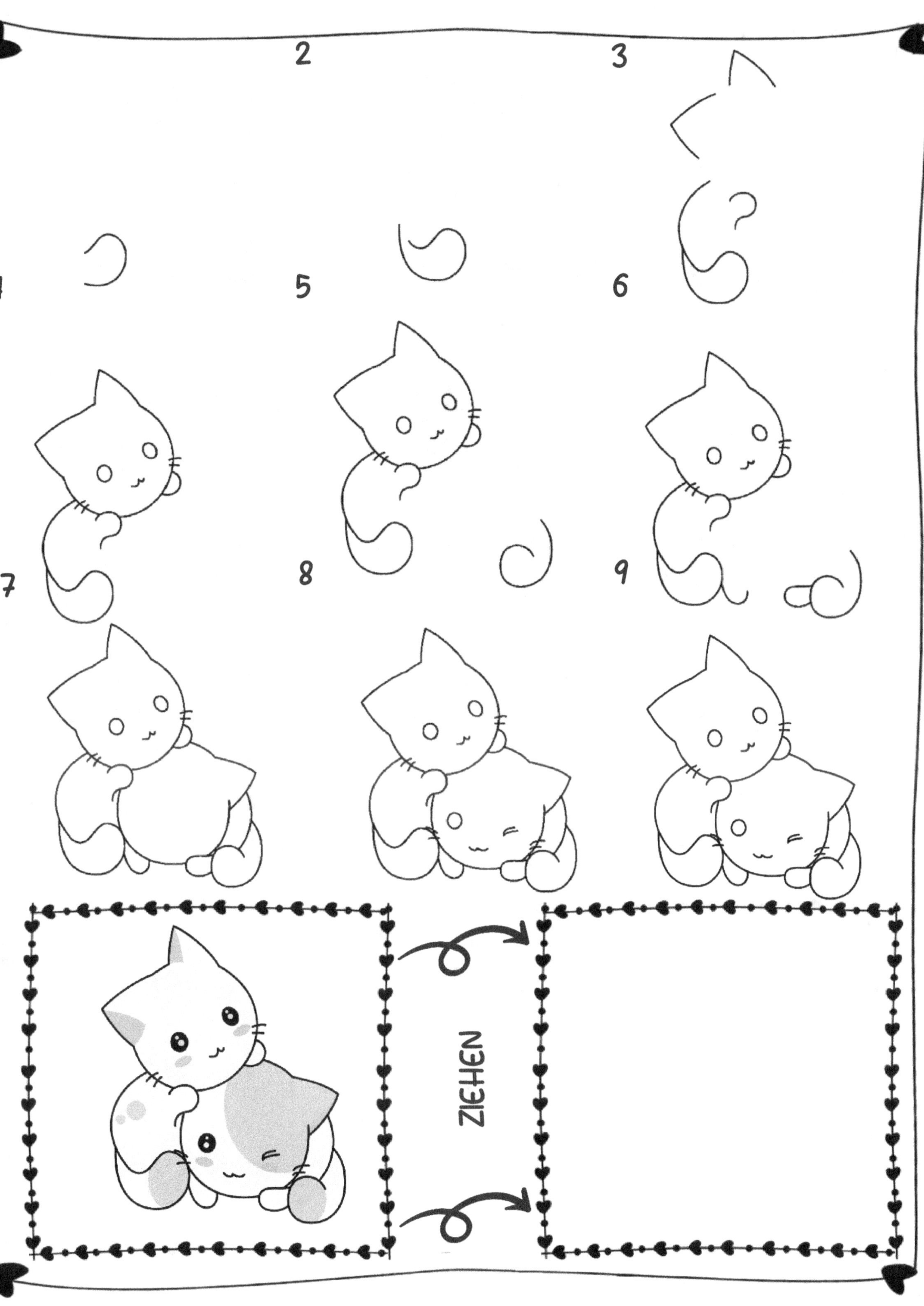

2
3
4
5
6
7
8
9
ZIEHEN

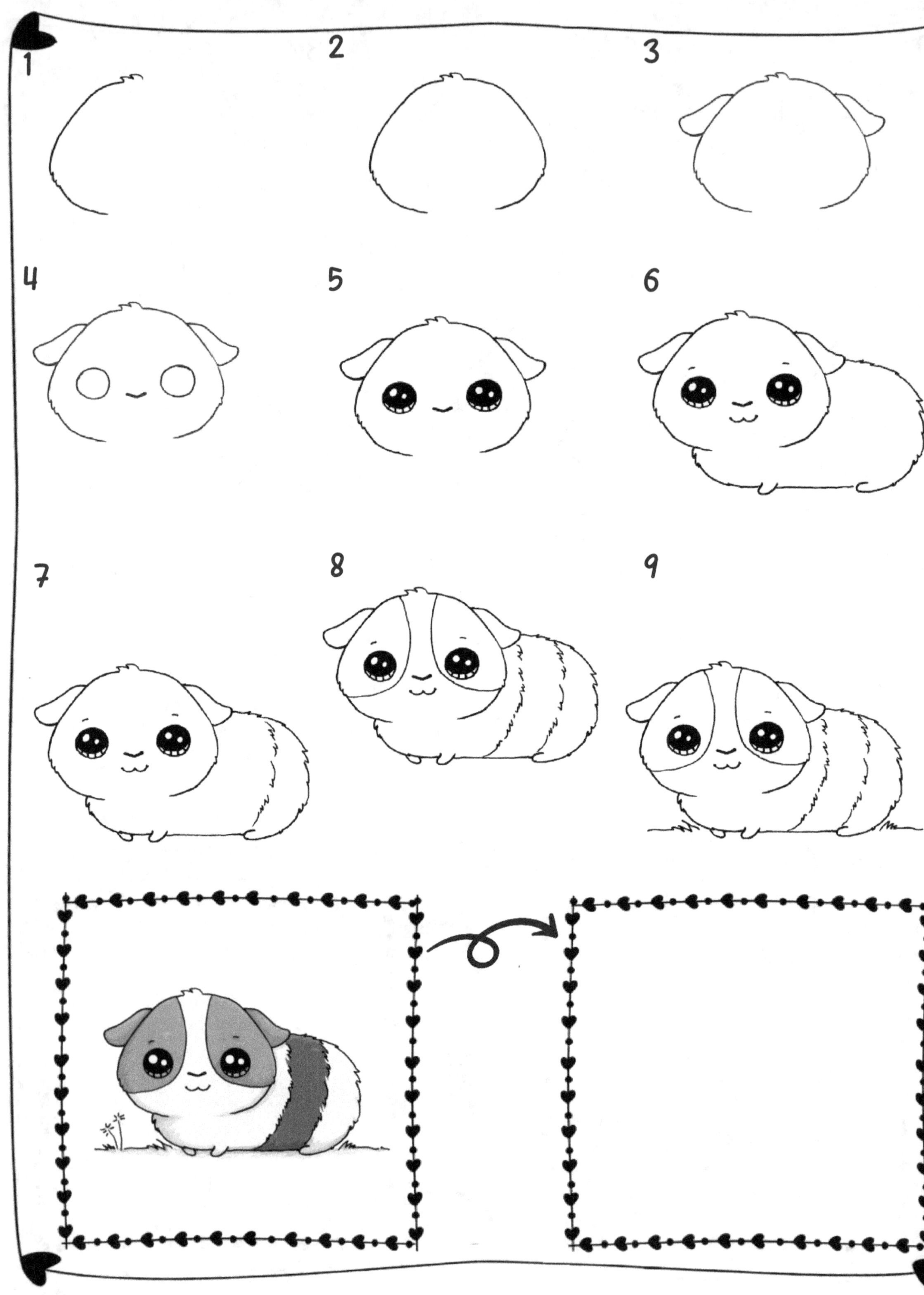

1
2
3
4
5
6
7
8
9

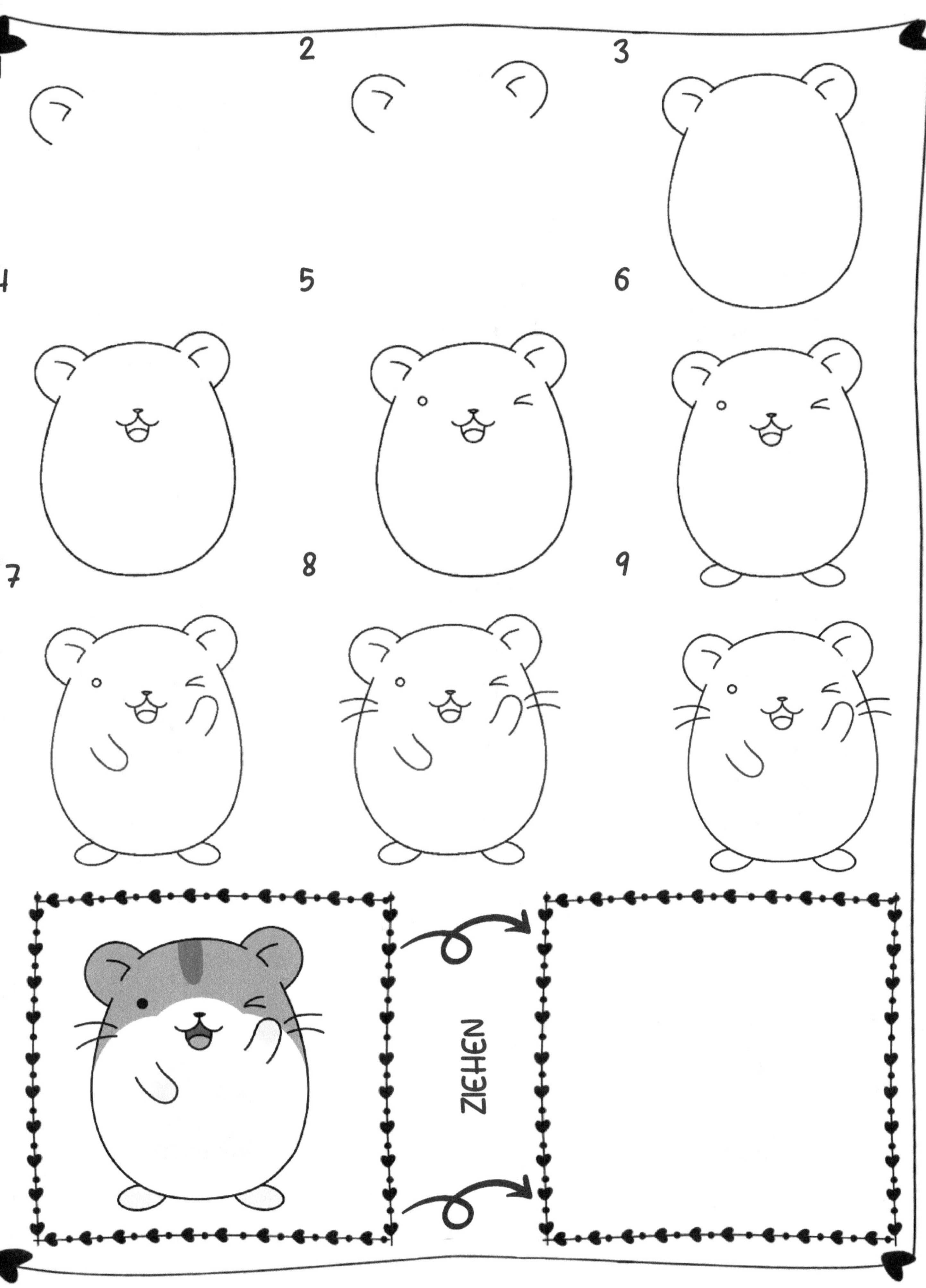

2
3
5
6
7
8
9
ZIEHEN

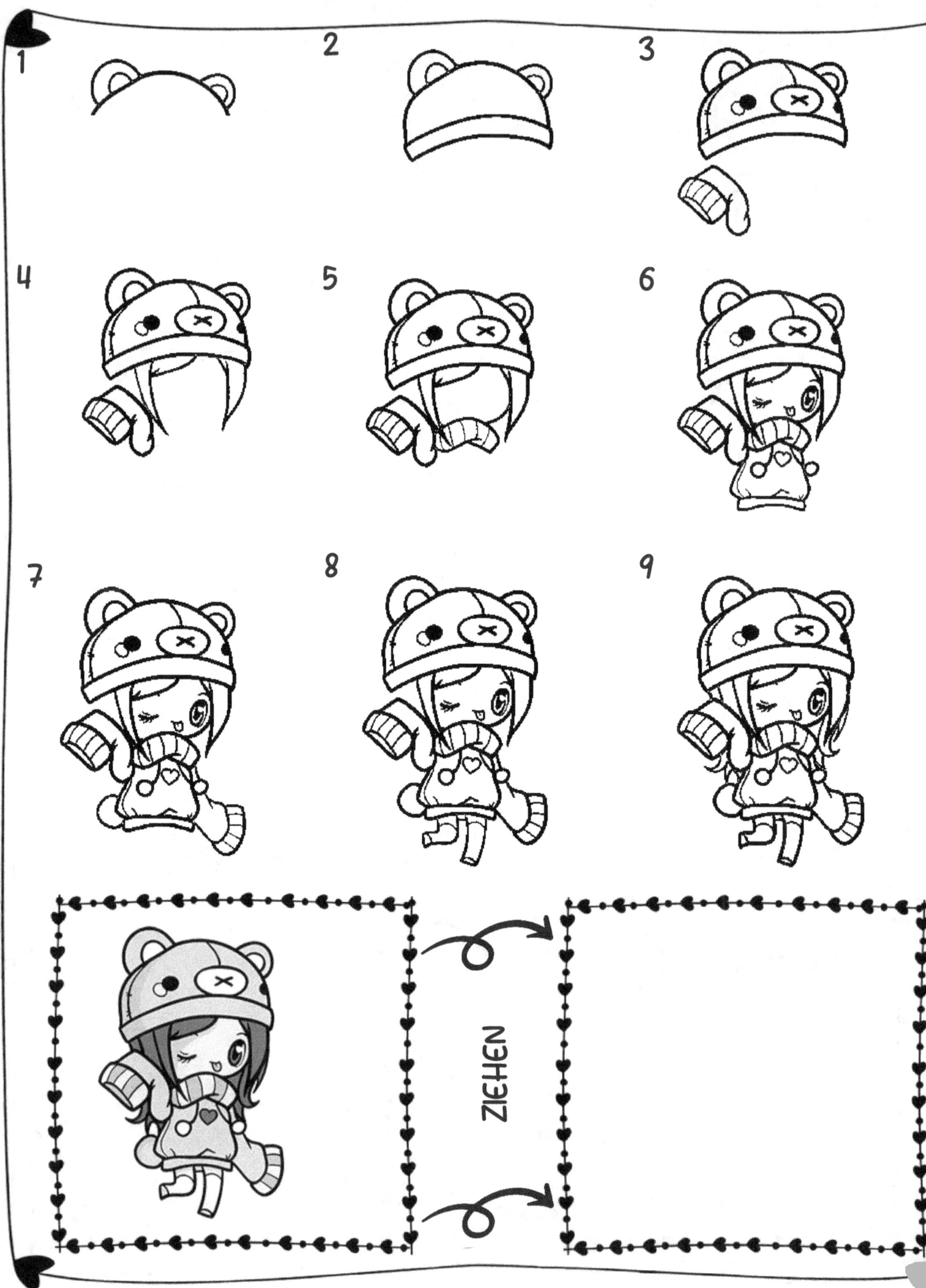

1
2
3
4
5
6
7
8
9
ZIEHEN

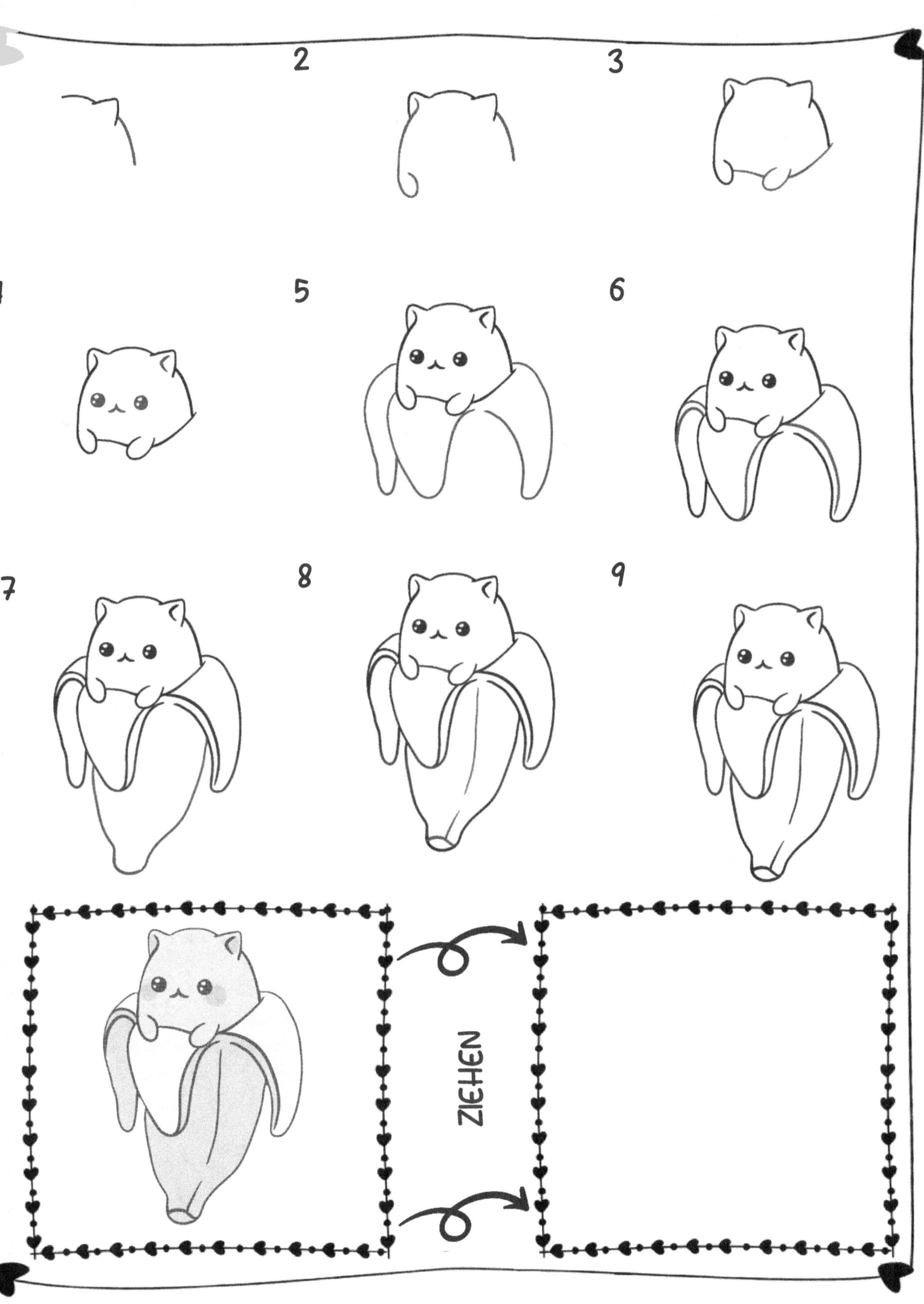
2
3
5
6
7
8
9
ZIEHEN

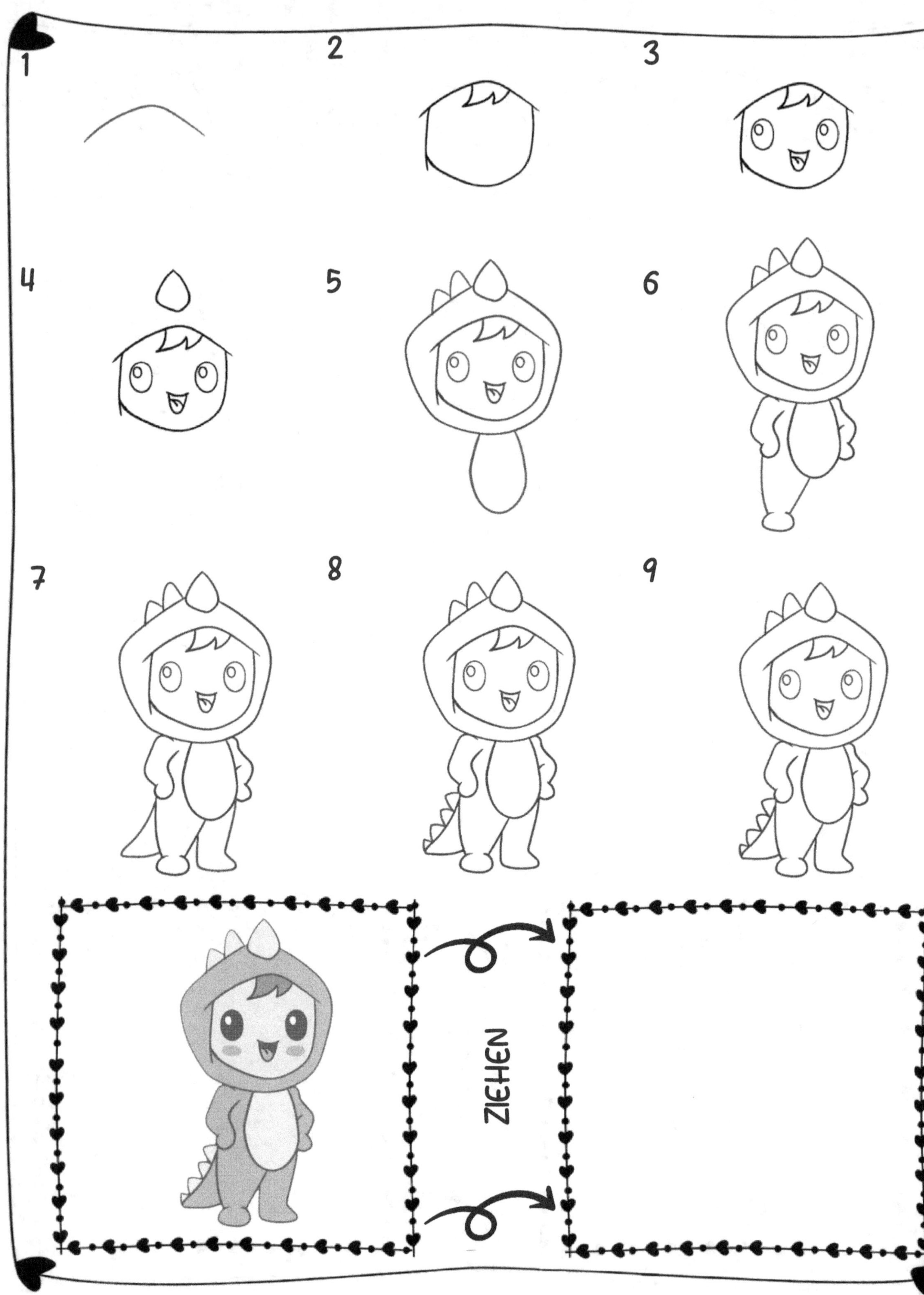
1
2
3
4
5
6
7
8
9
ZIEHEN

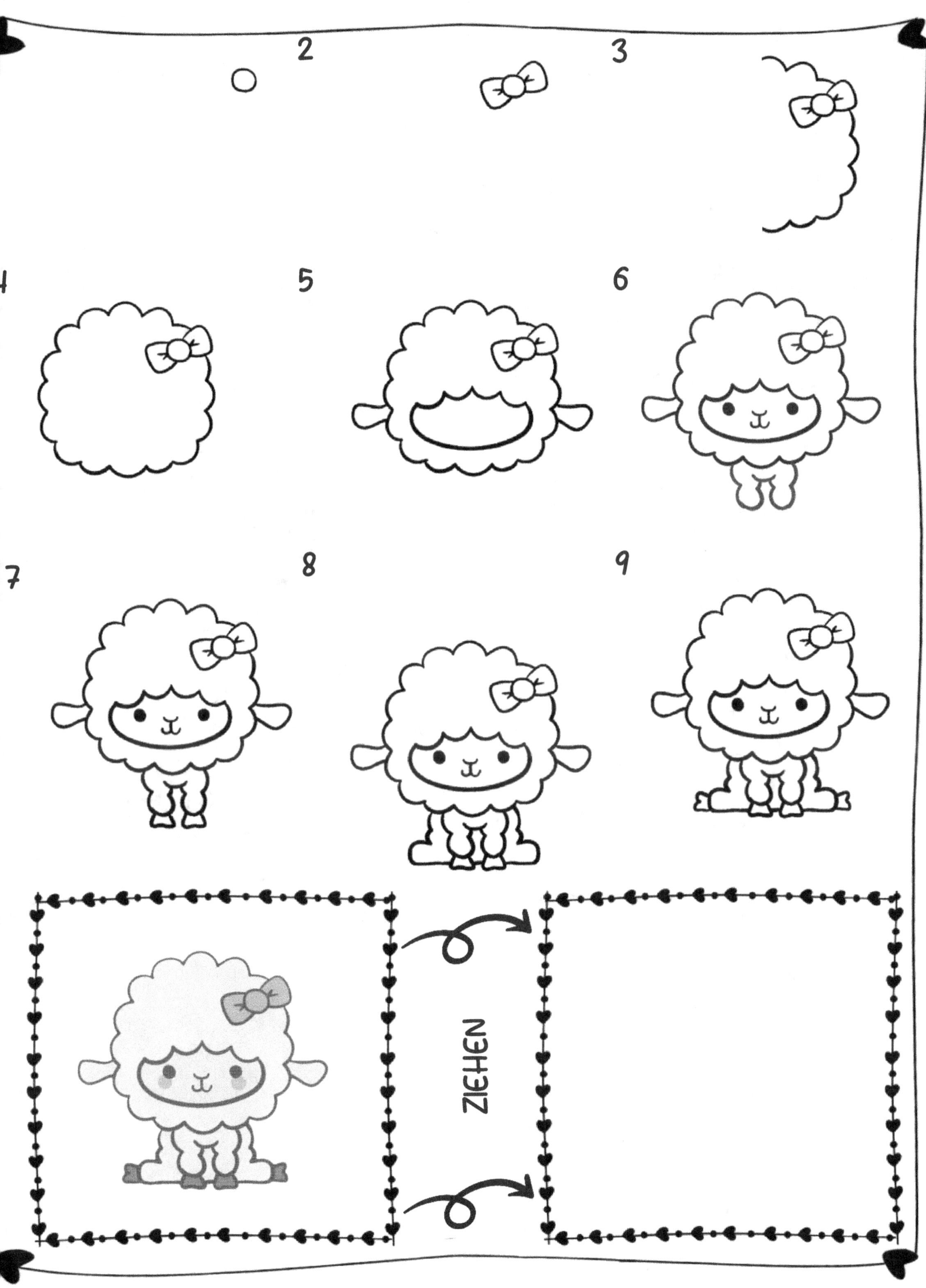

2
3
5
6
7
8
9
ZIEHEN

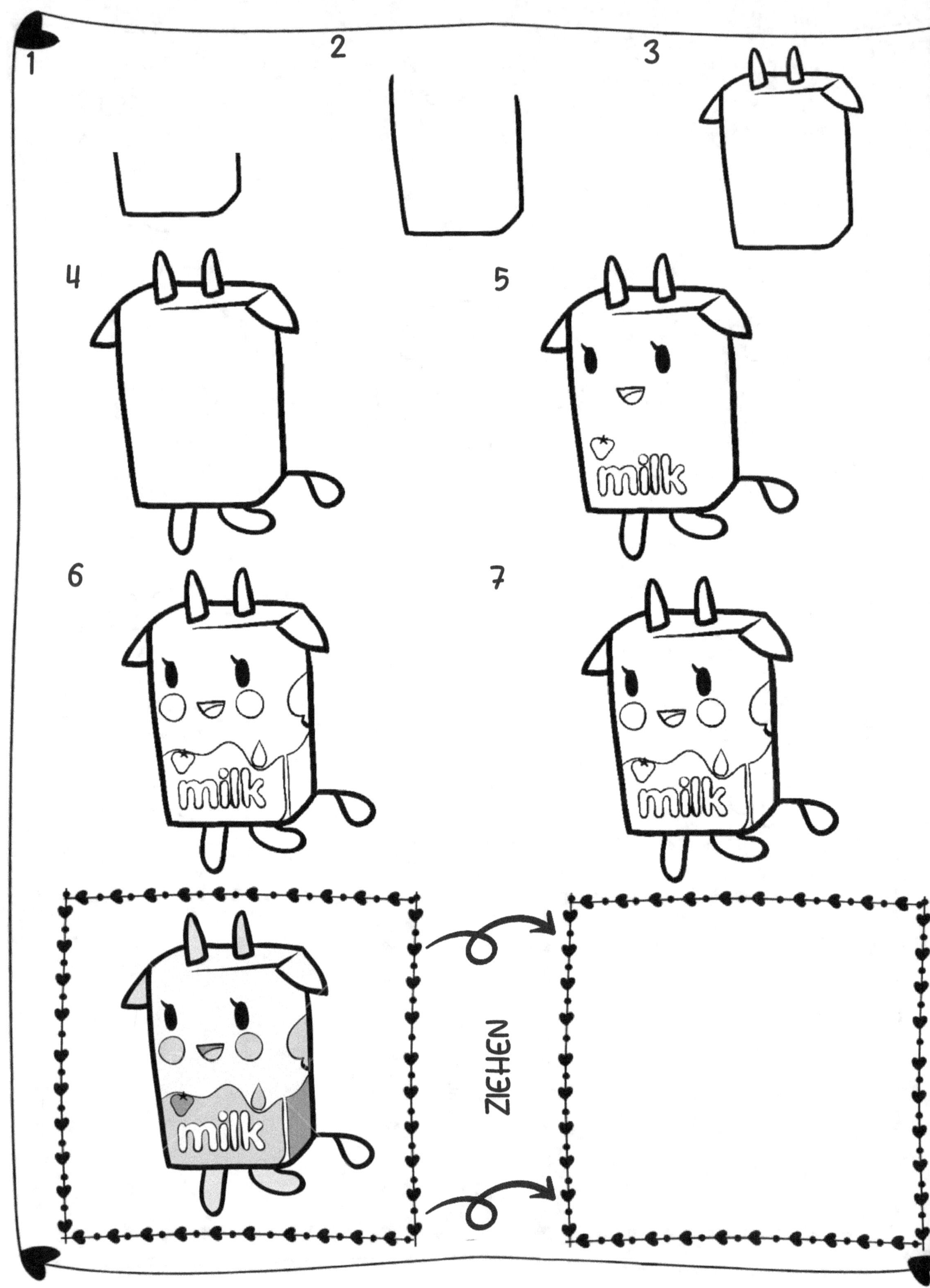
1
2
3
4
5
6
7
milk
milk
milk
milk
ZIEHEN

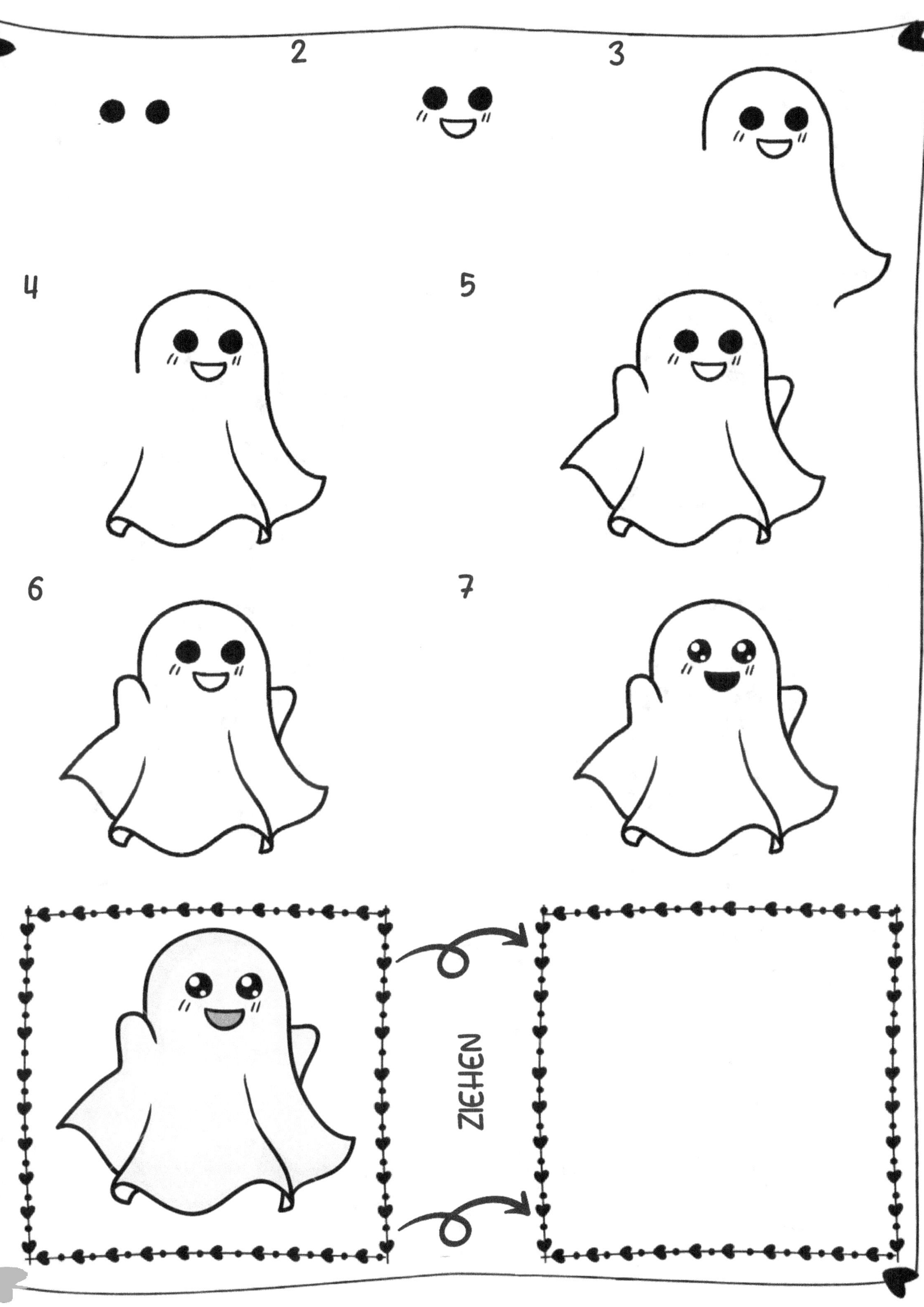

2
3
4
5
6
7
ZIEHEN

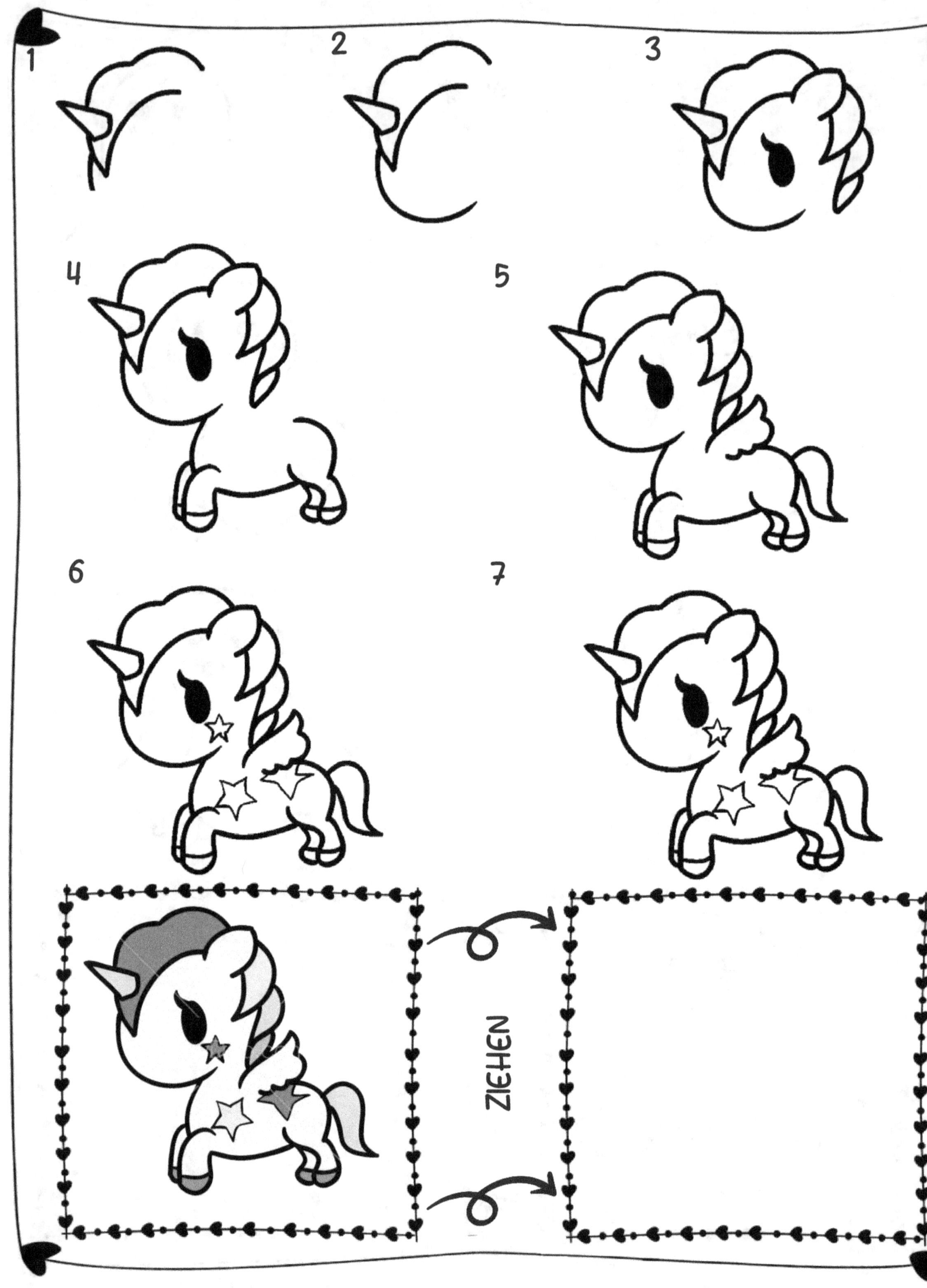

1
2
3
4
5
6
7
ZIEHEN

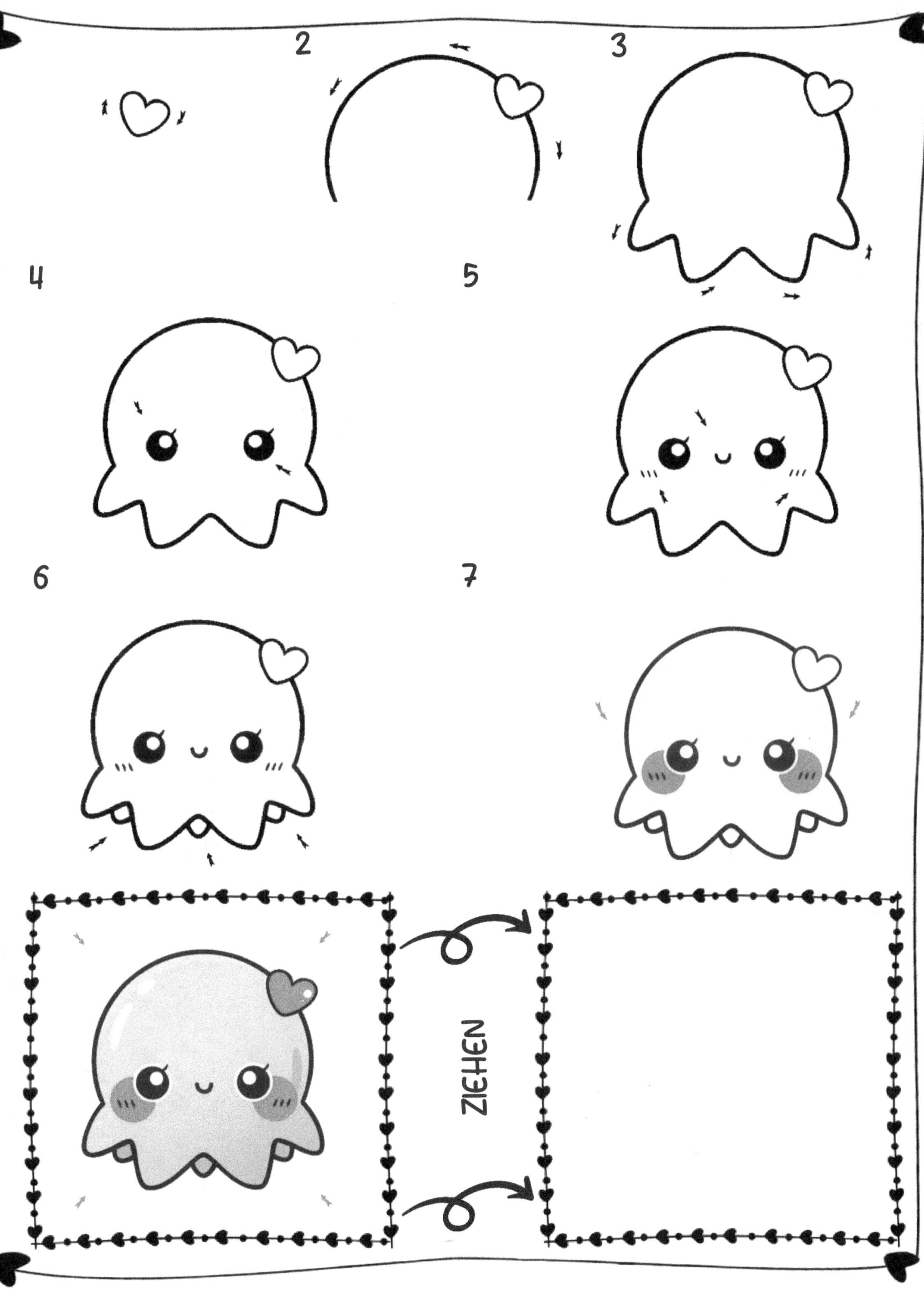

2
3
4
5
6
7
ZIEHEN

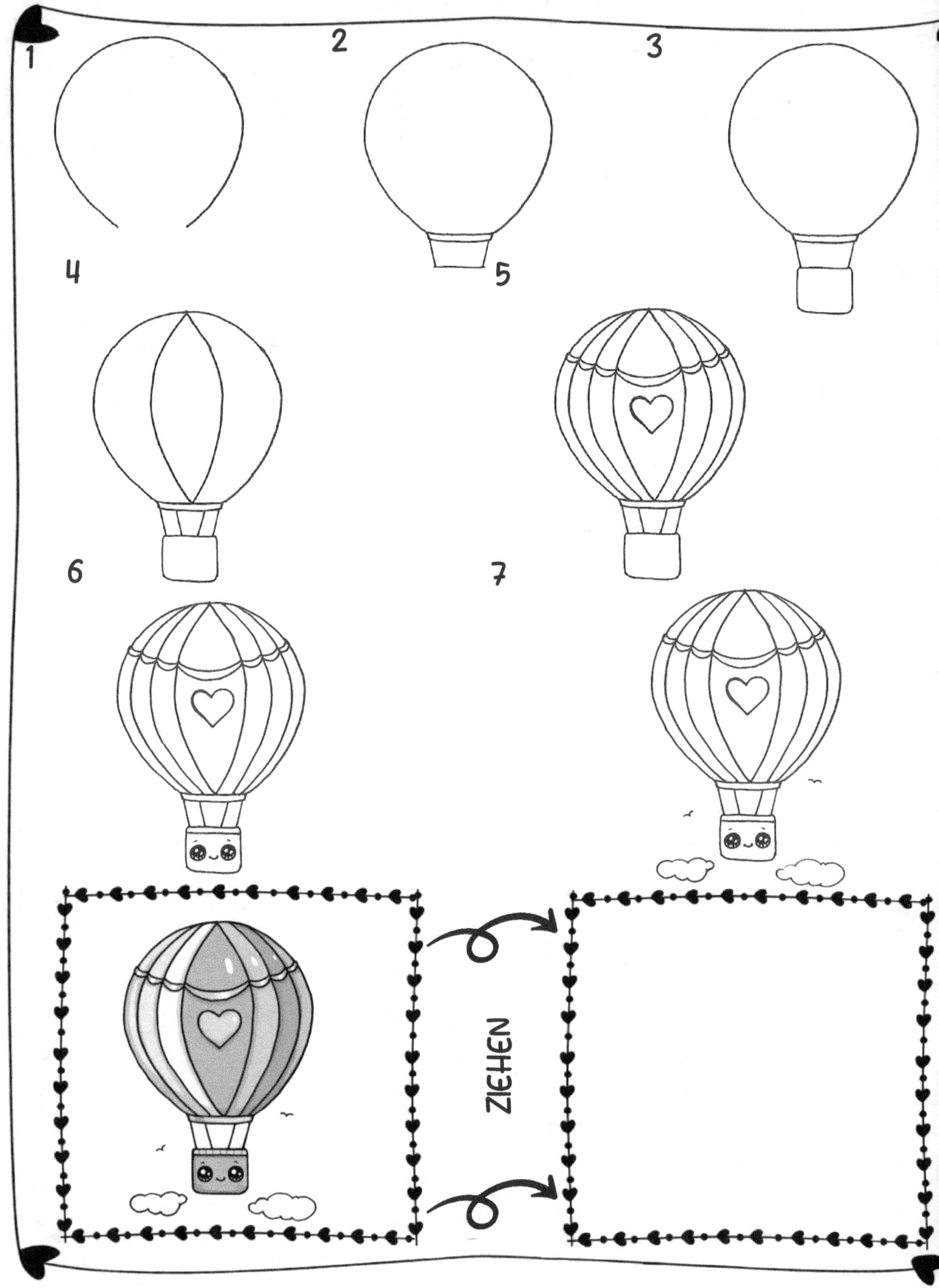

1
2
3
4
5
6
7
ZIEHEN

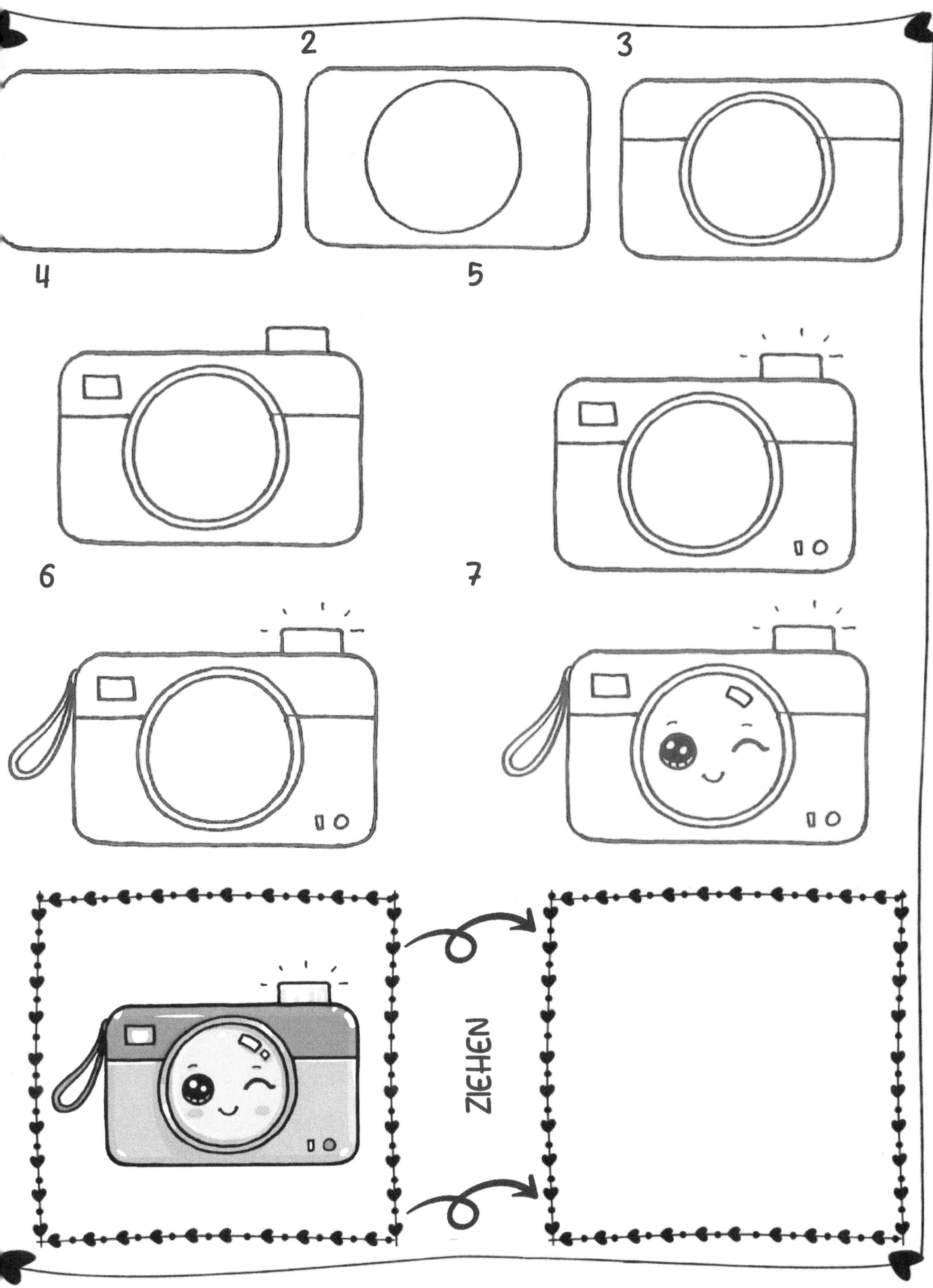

2
3
4
5
6
7
ZIEHEN

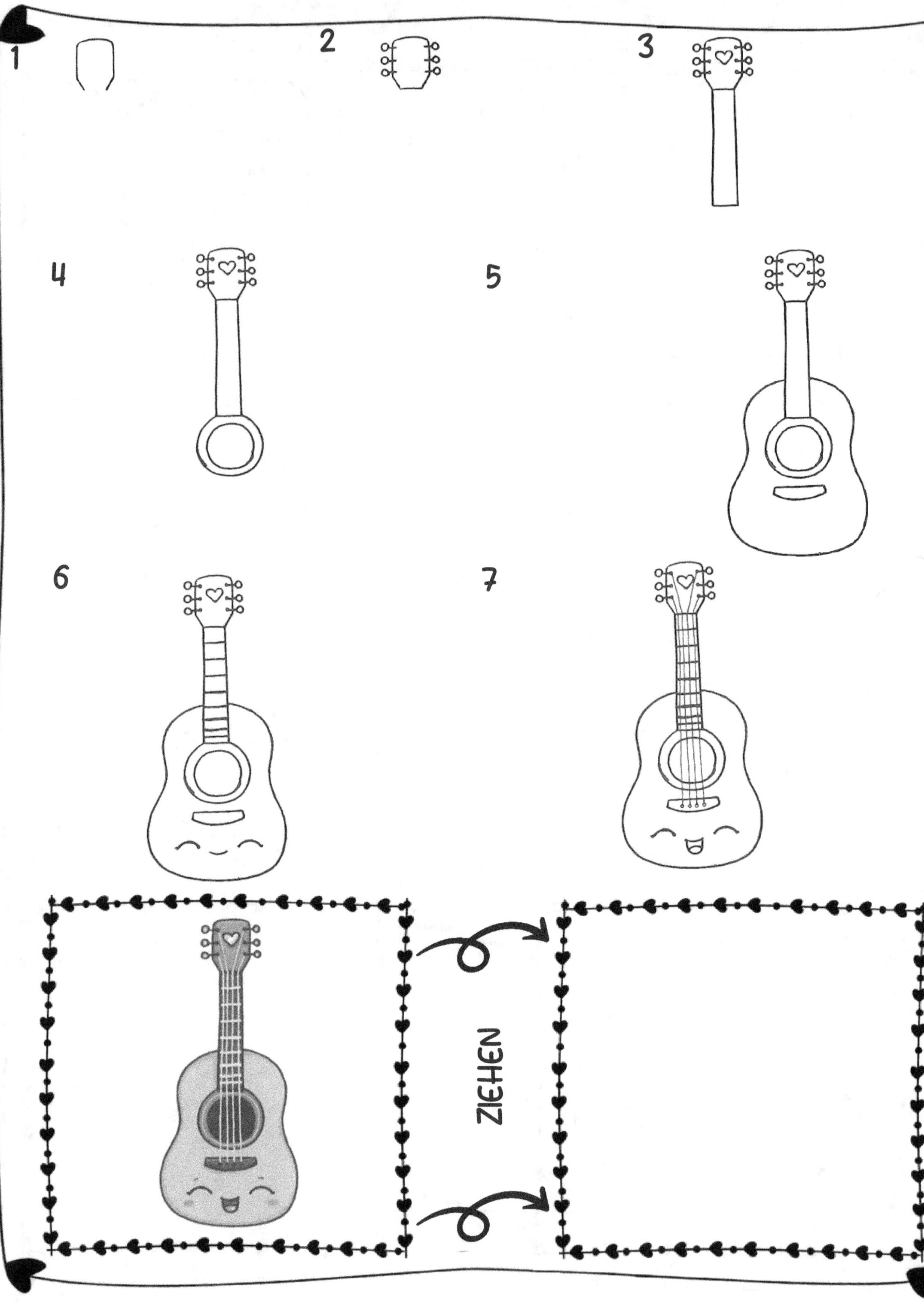

1
2
3
4
5
6
7
ZIEHEN

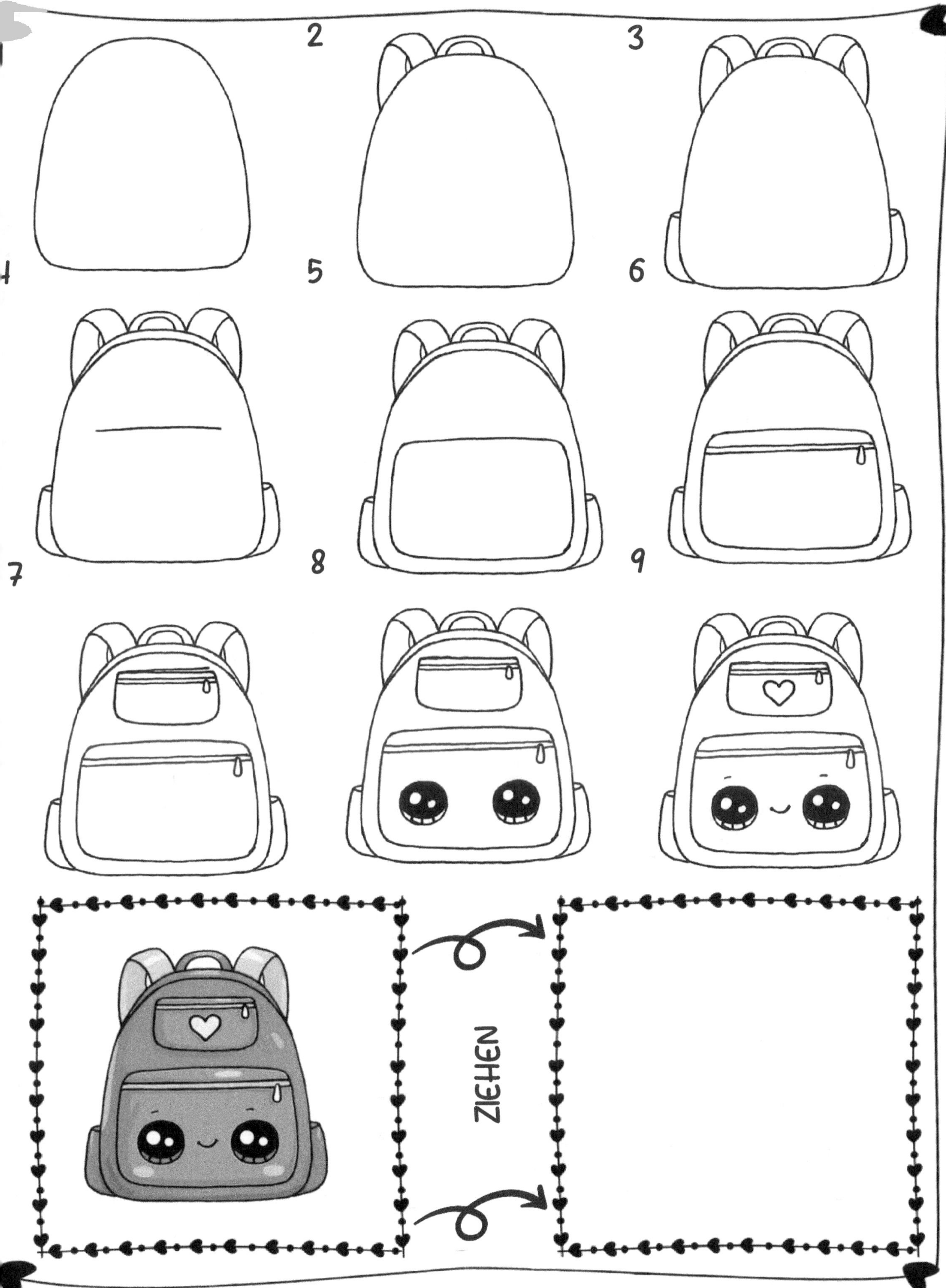

2
3
4
5
6
7
8
9
ZIEHEN

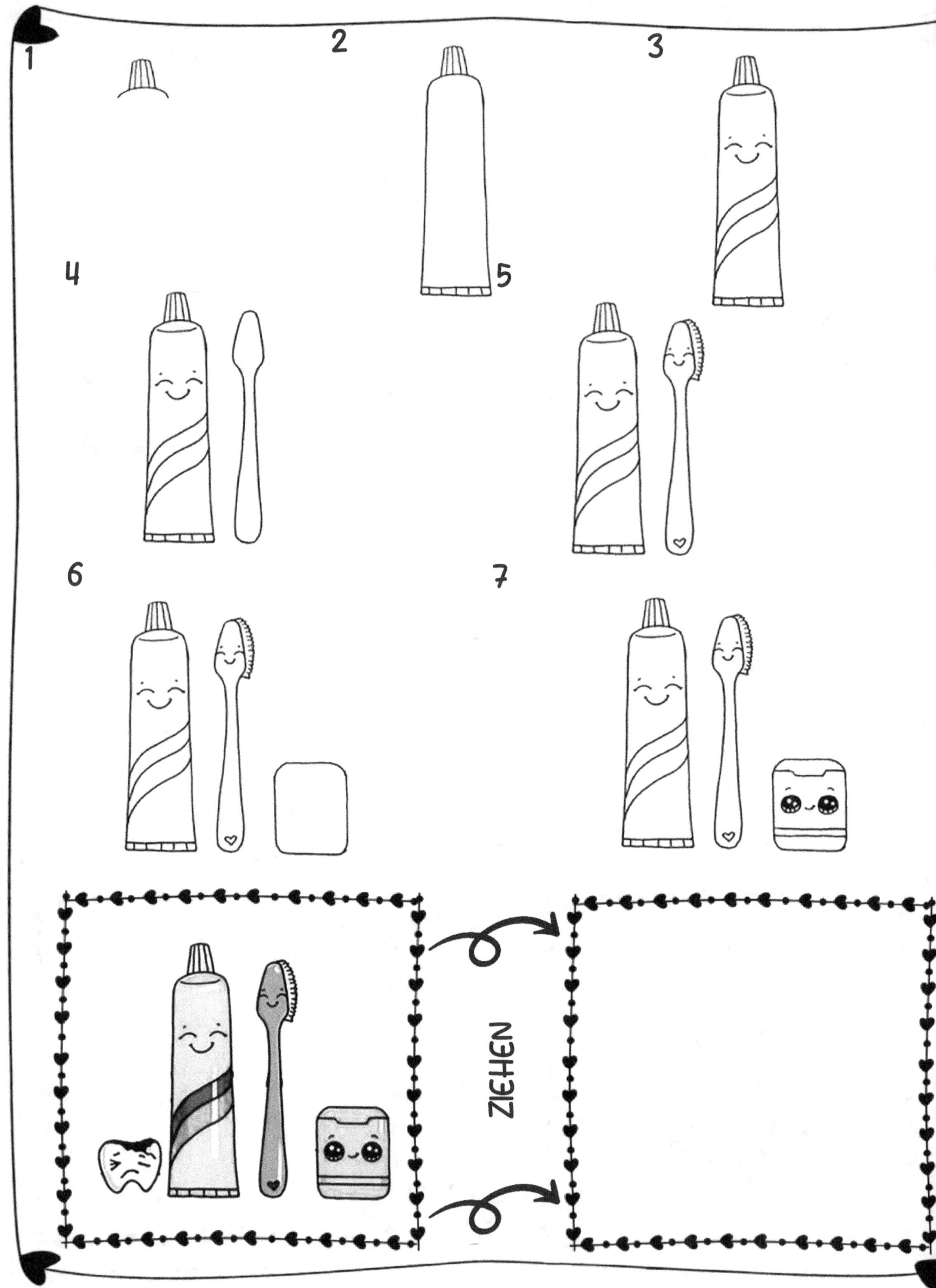

1
2
3
4
5
6
7
ZIEHEN

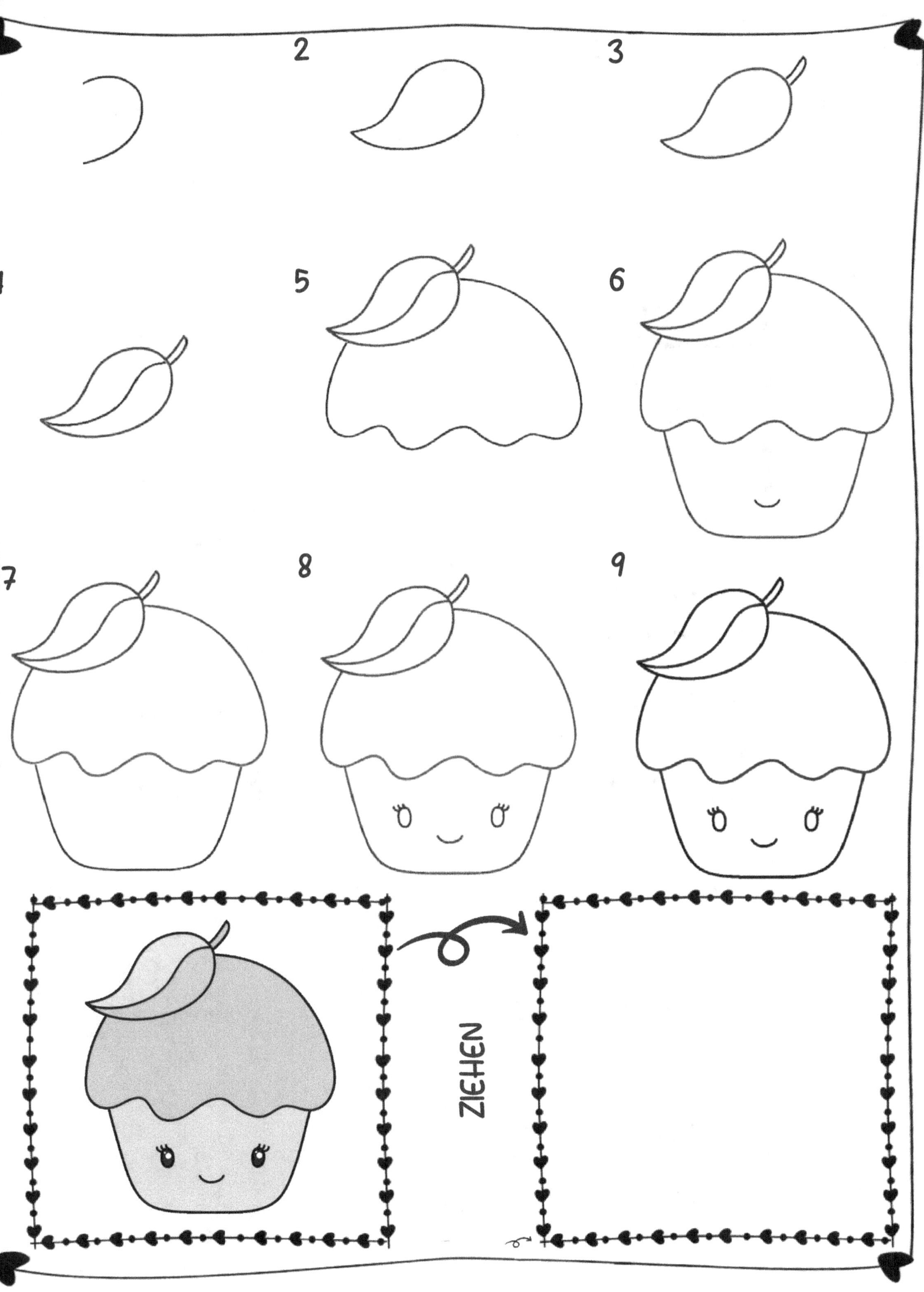

2
3
5
6
7
8
9
ZIEHEN

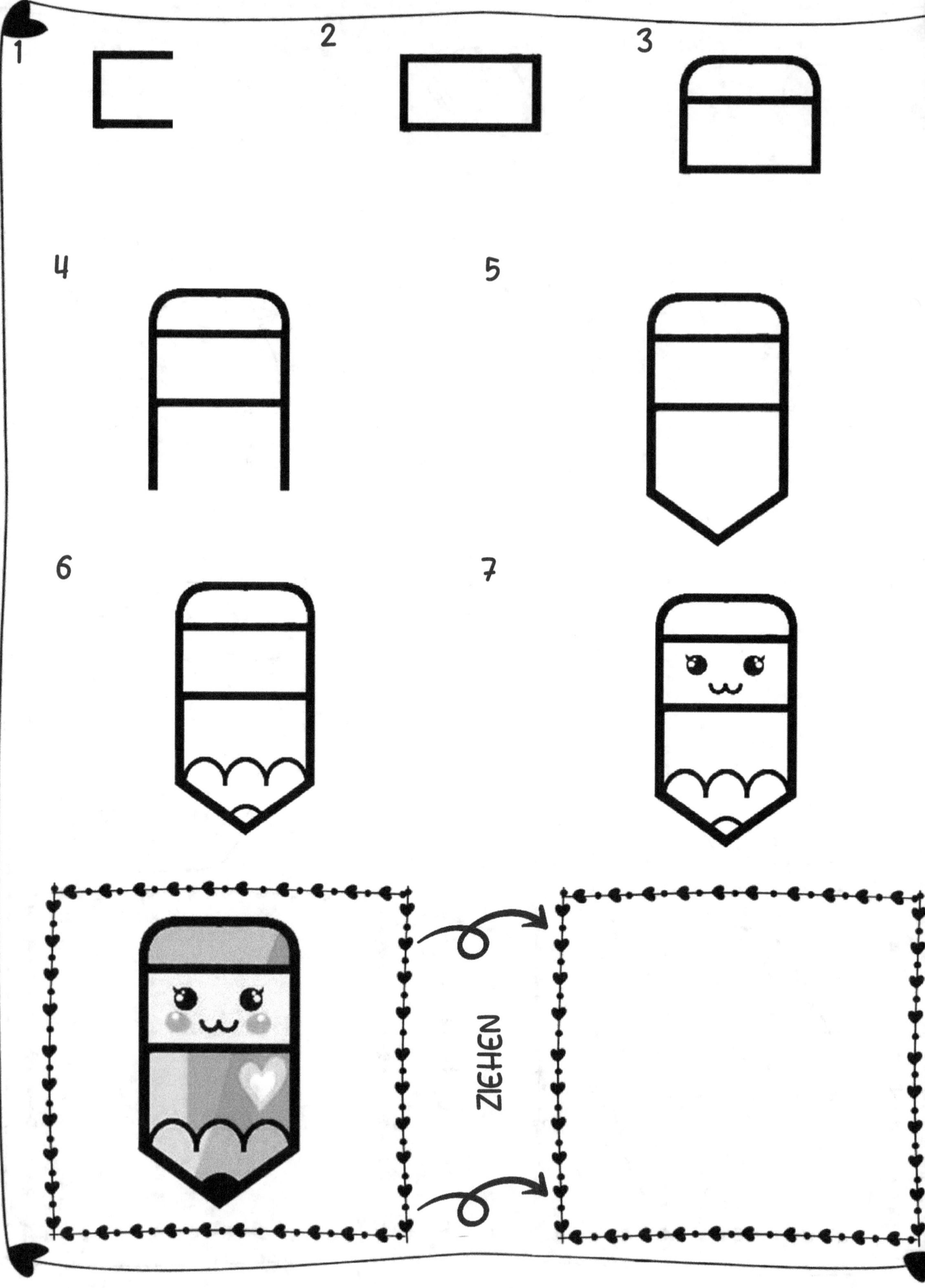

1
2
3
4
5
6
7
ZIEHEN

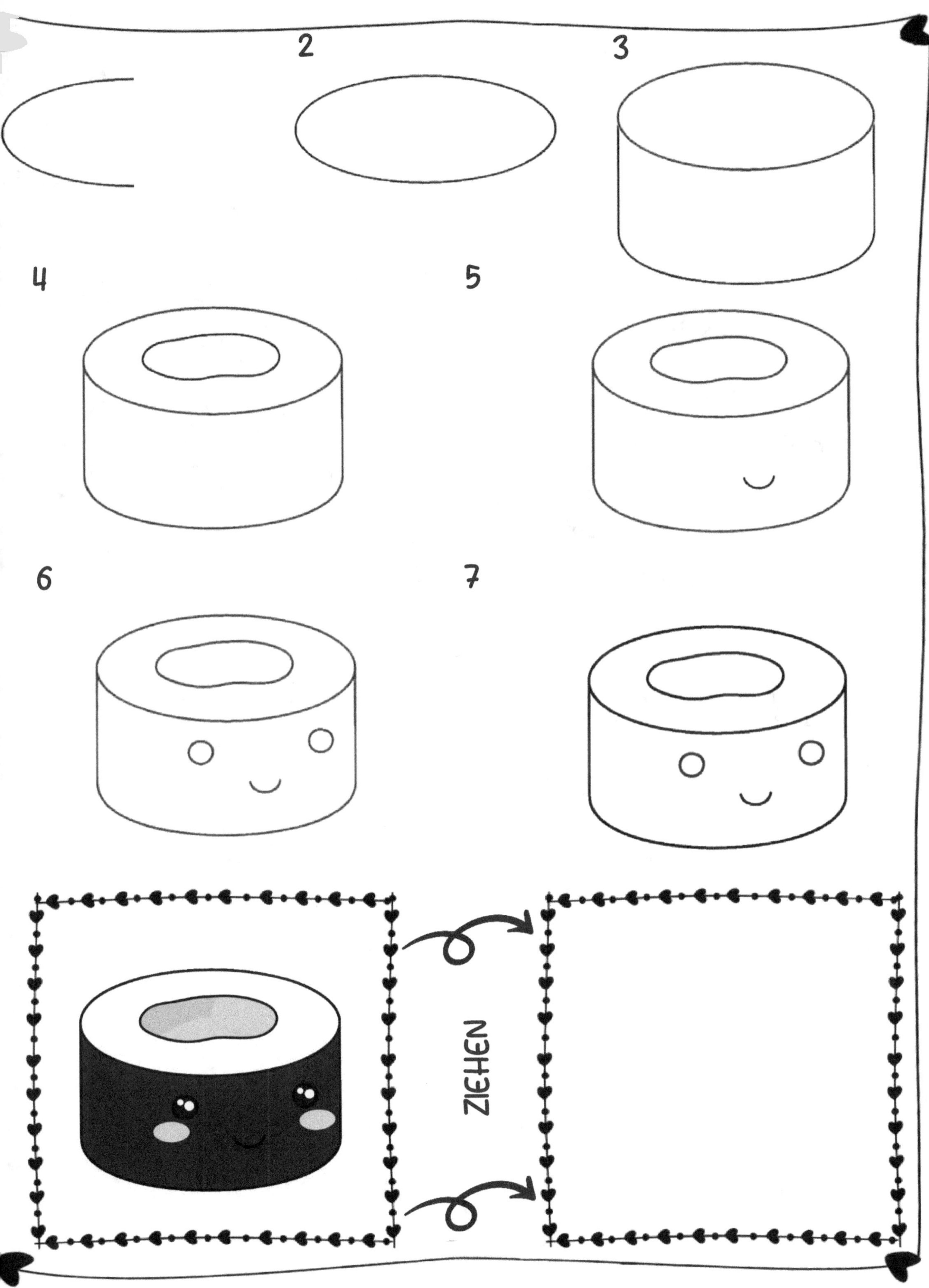

2
3
4
5
6
7
ZIEHEN

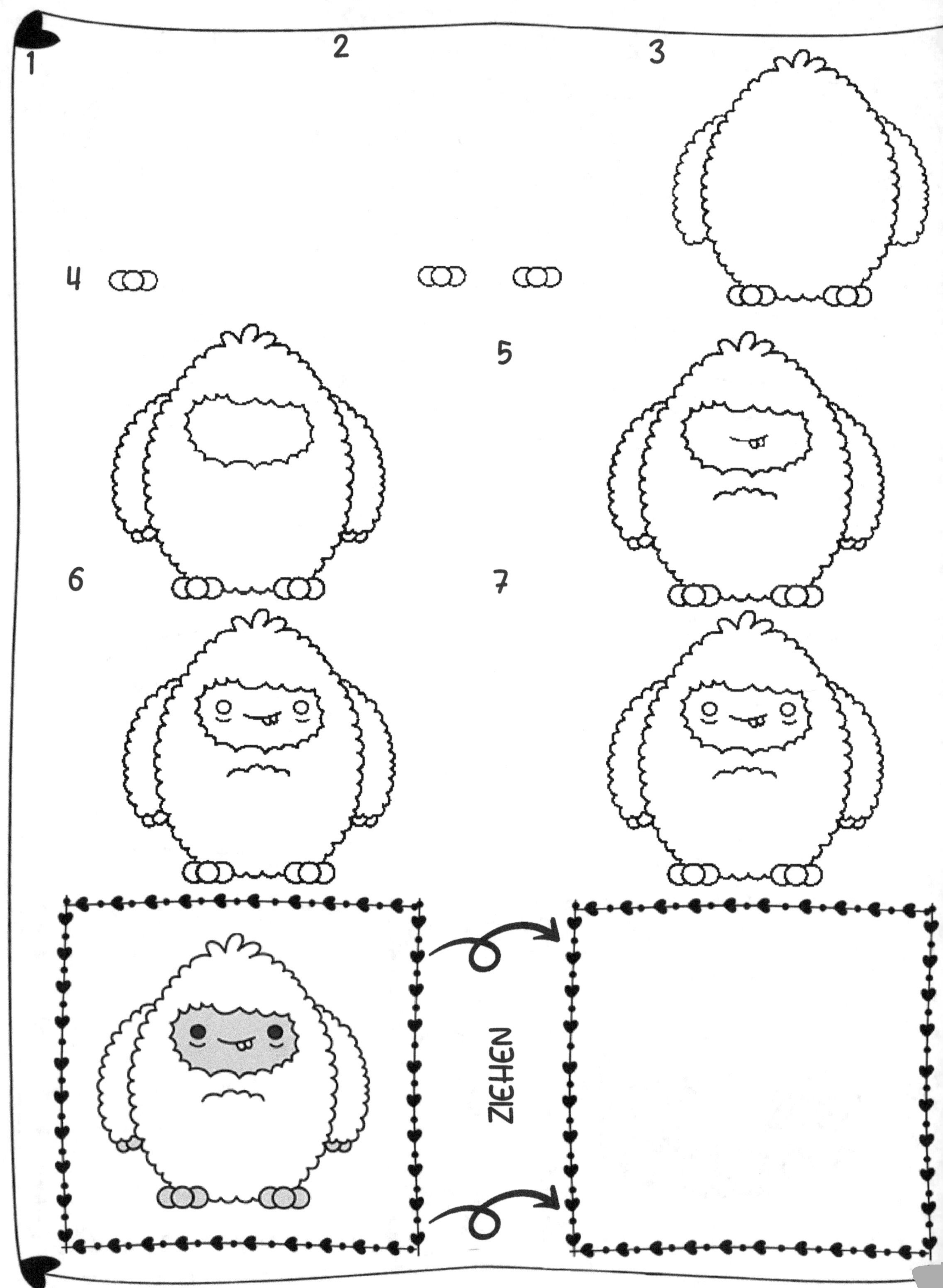

1
2
3
4
5
6
7
ZIEHEN

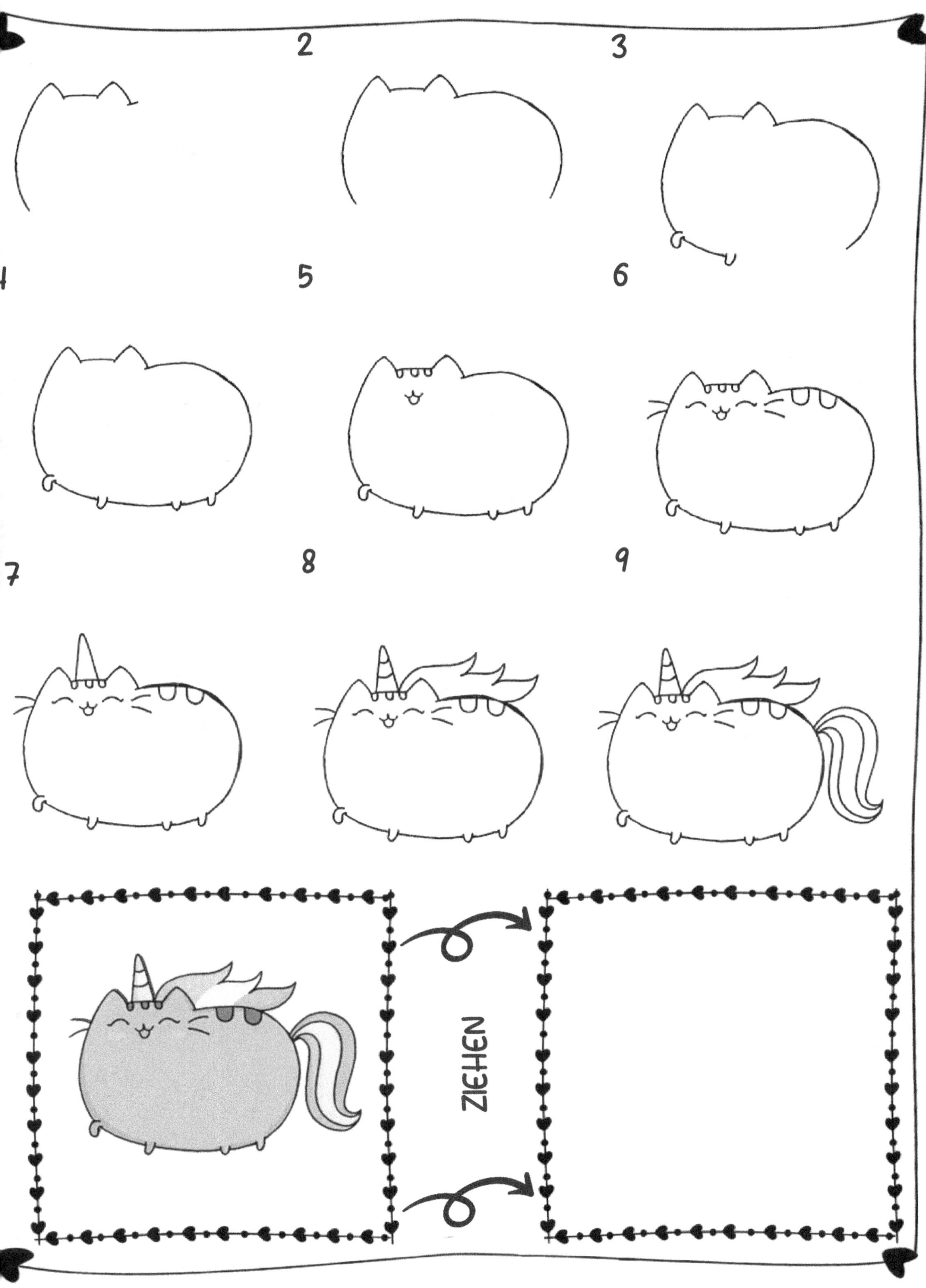

2
3
5
6
7
8
9
ZIEHEN

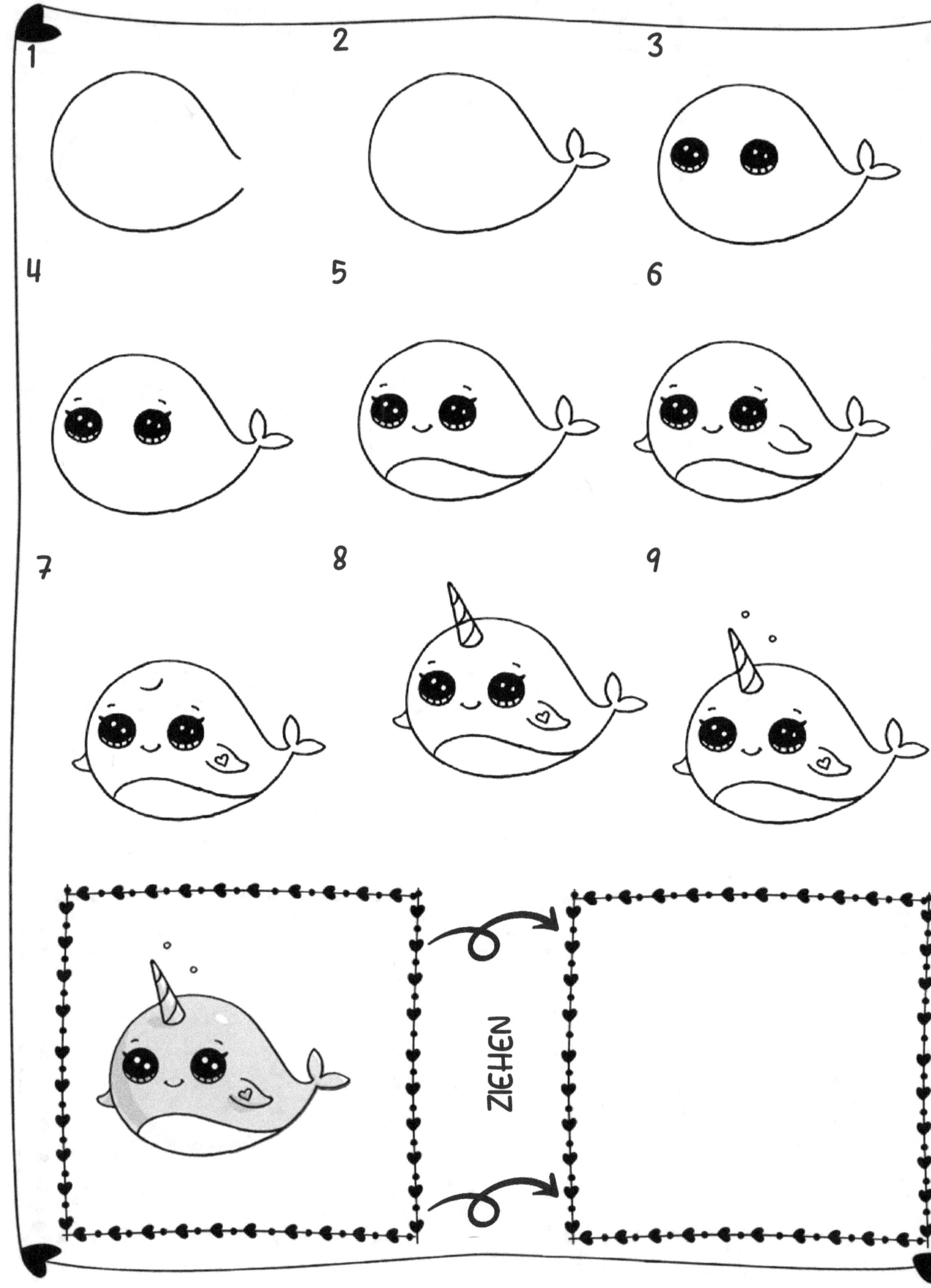

1
2
3
4
5
6
7
8
9
ZIEHEN

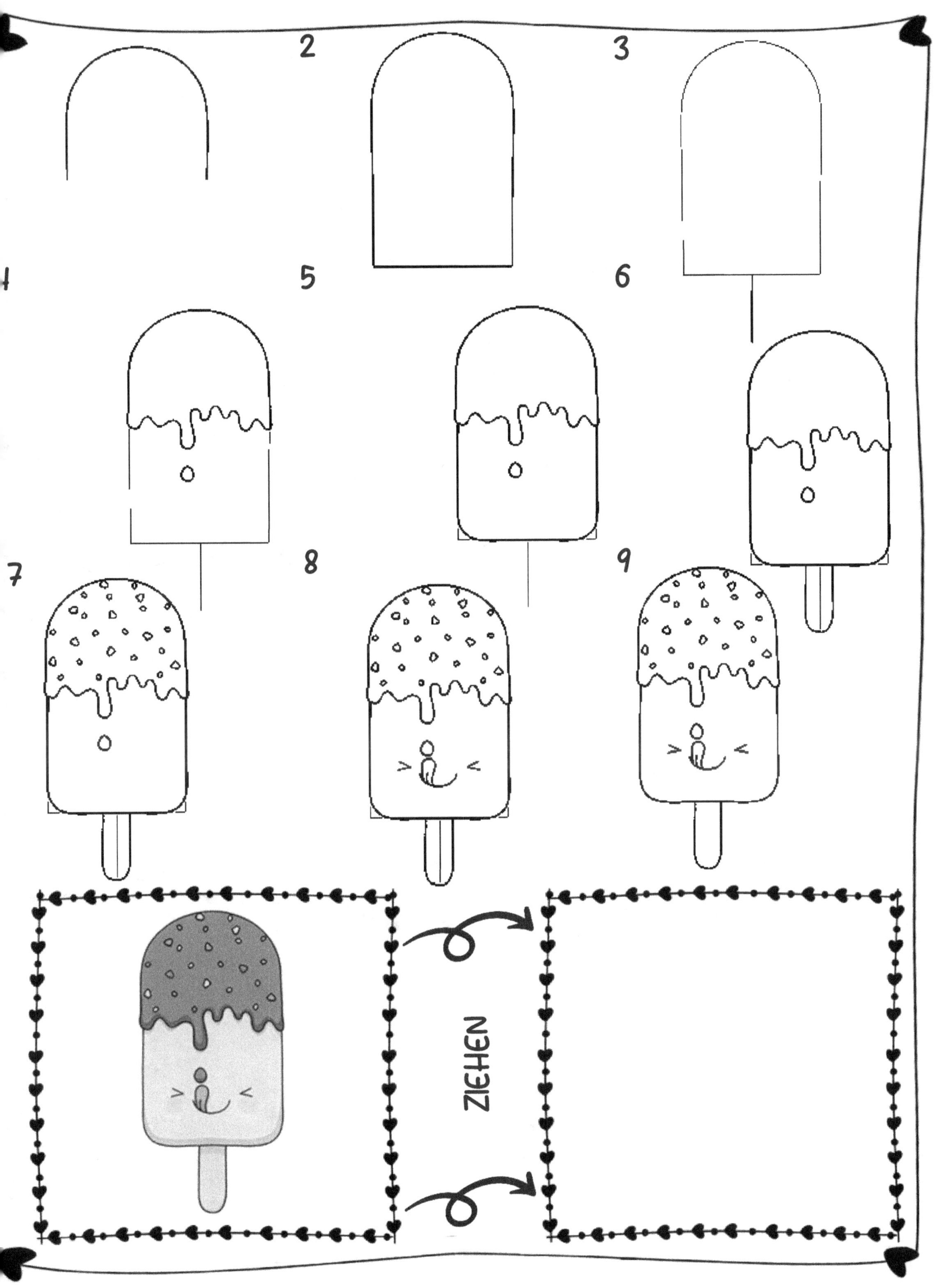

2
3
5
6
8
9
ZIEHEN

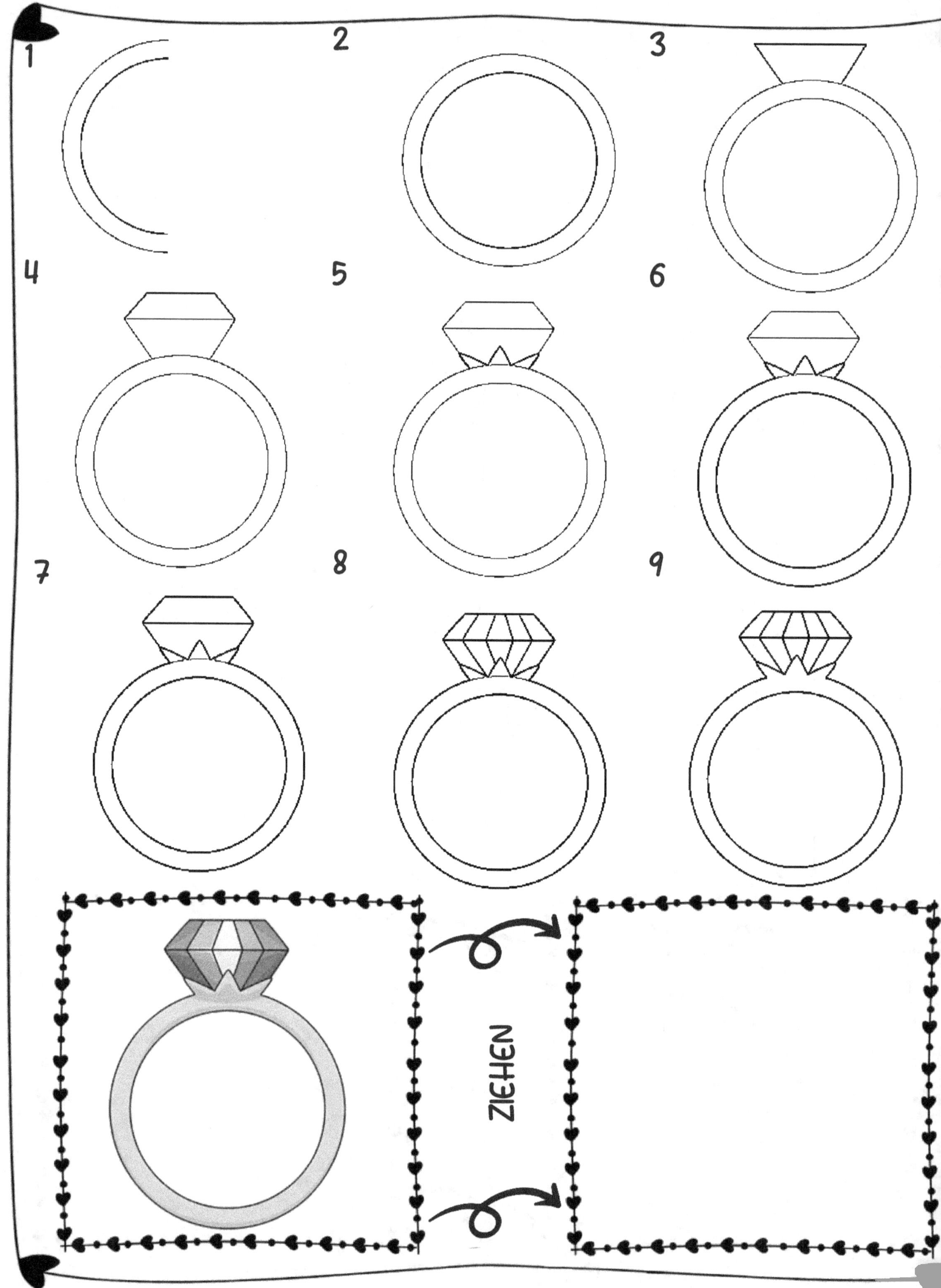

1
2
3
4
5
6
7
8
9
ZIEHEN

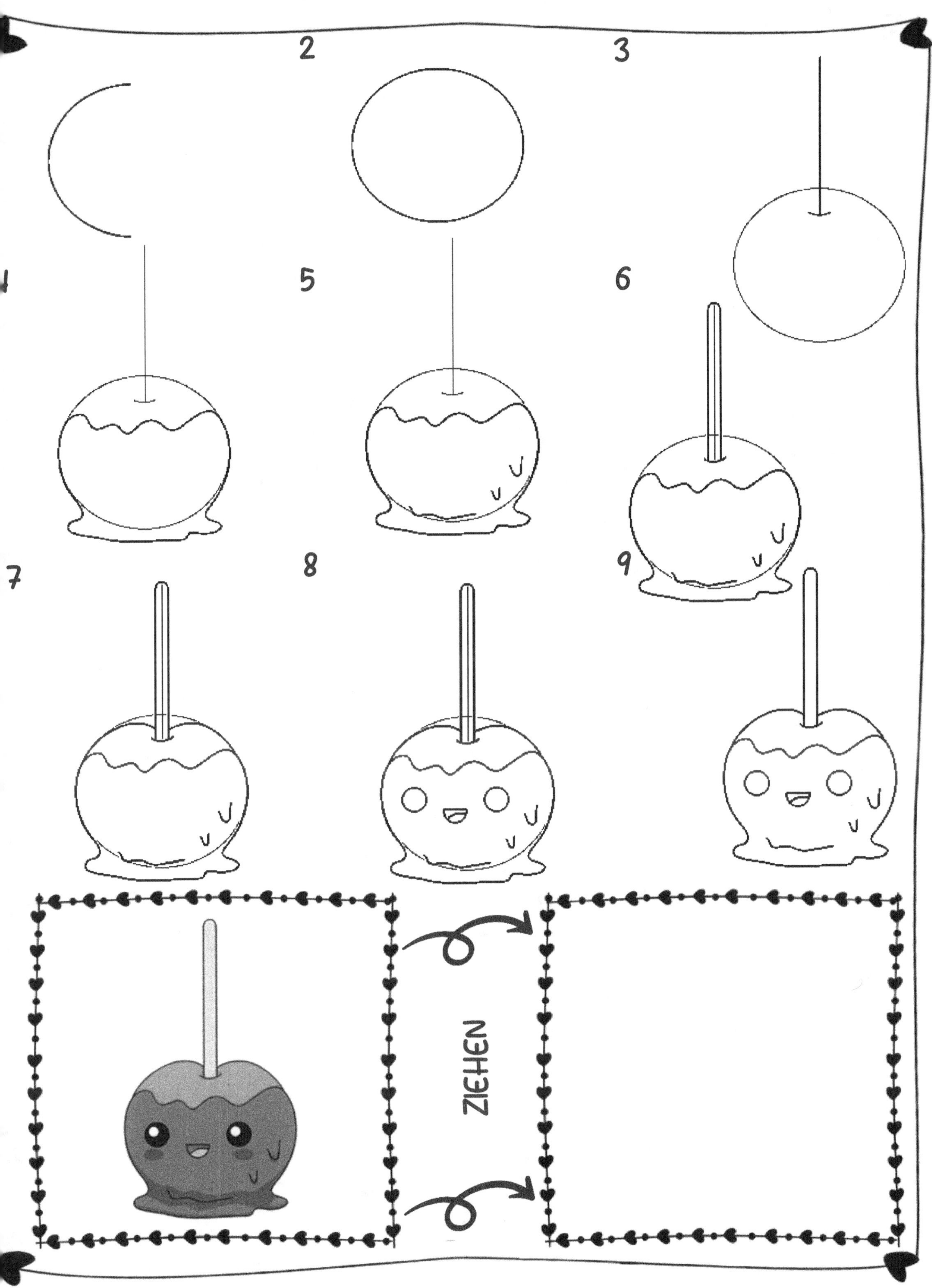

2
3
5
6
7
8
9
ZIEHEN

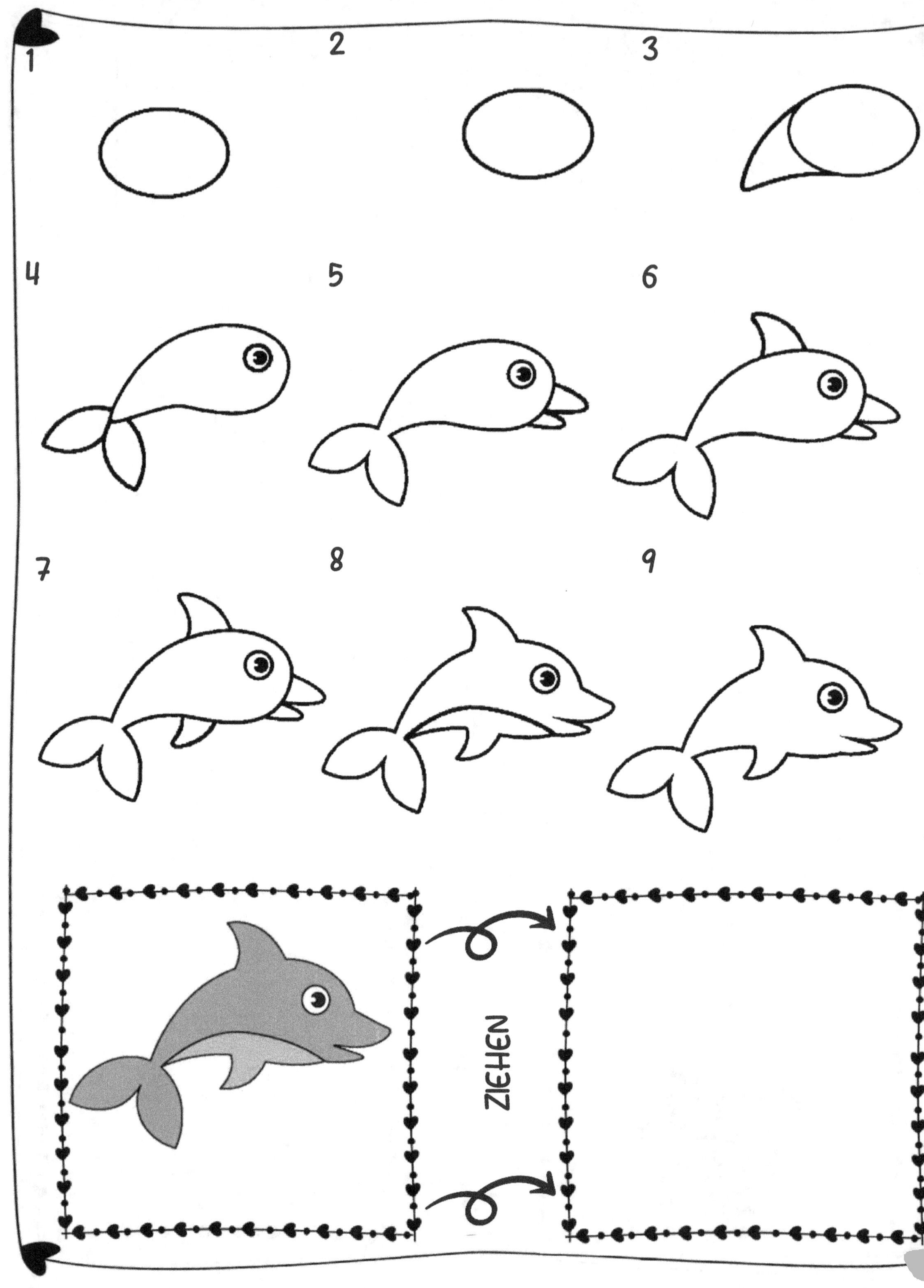
1
2
3
4
5
6
7
8
9
ZIEHEN

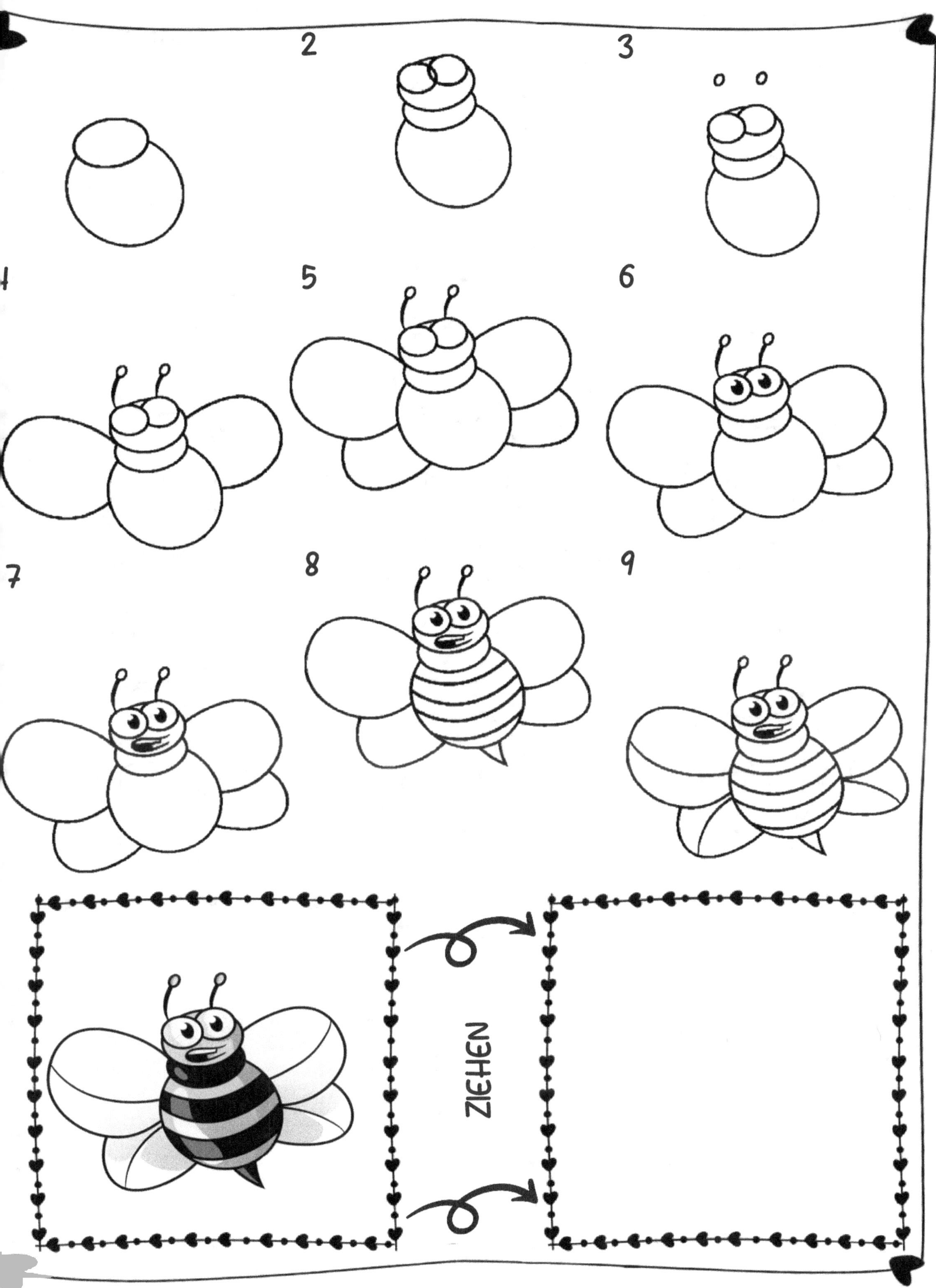

2
3
4
5
6
7
8
9
ZIEHEN

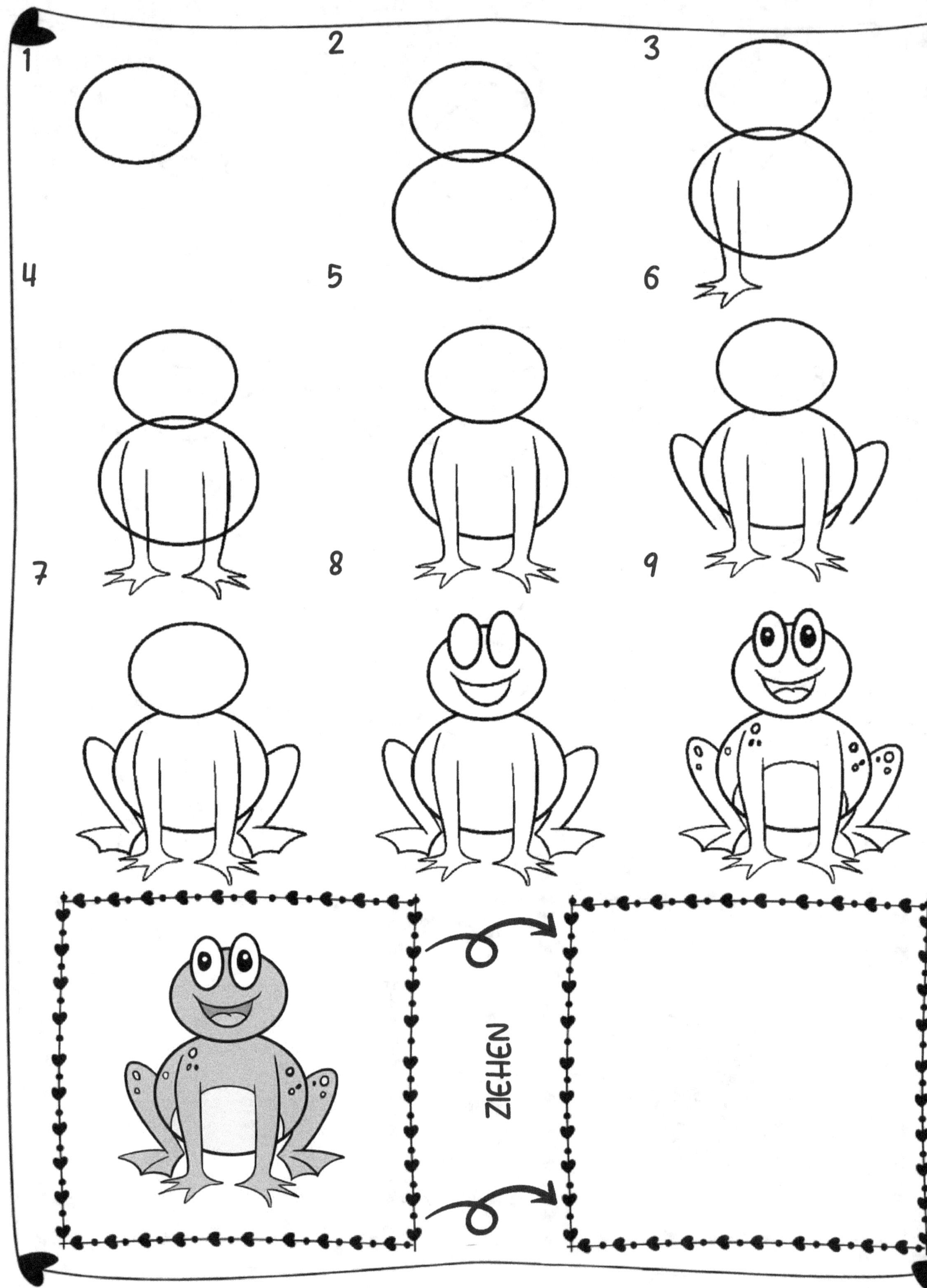

ZIEHEN

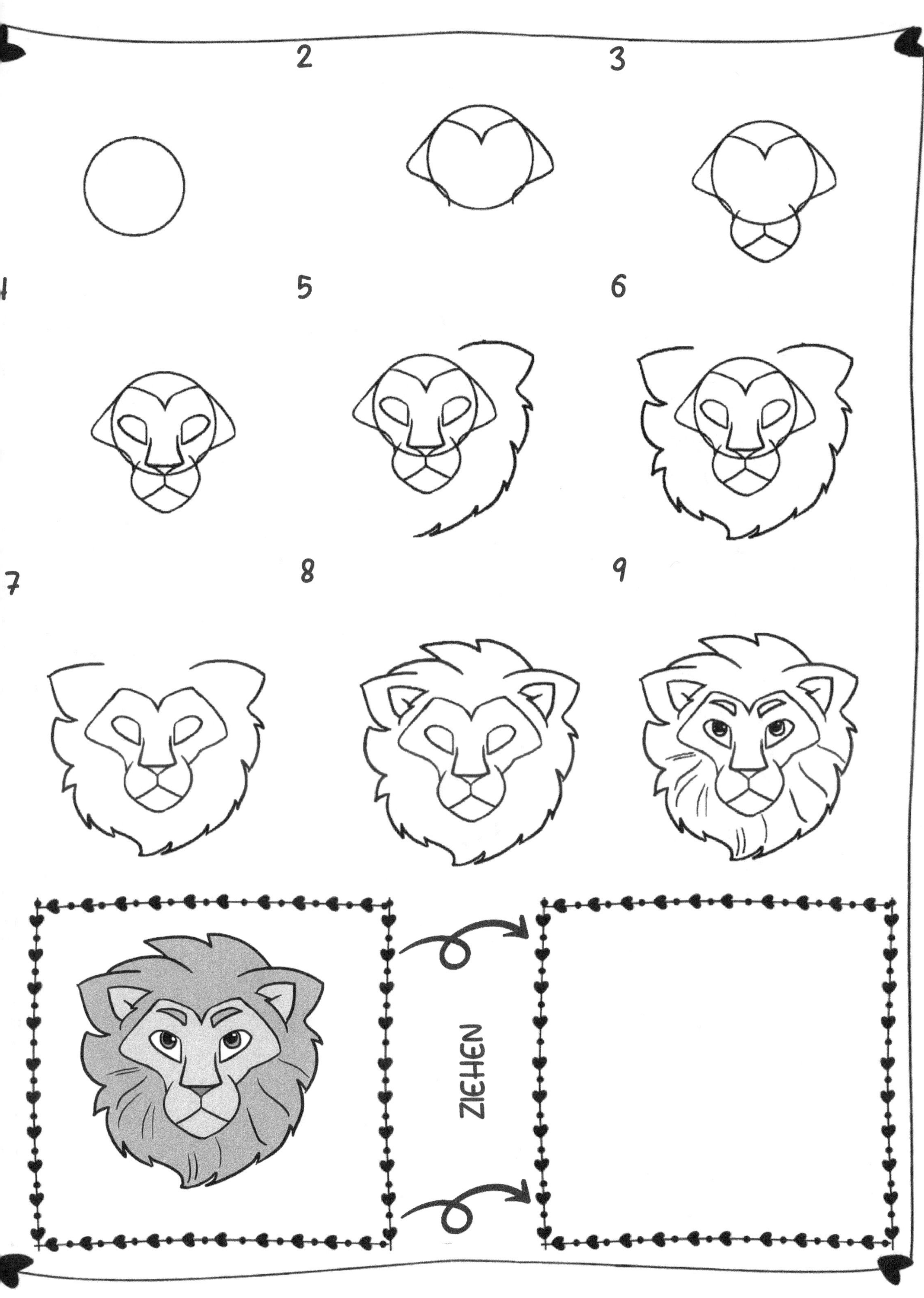
2
3
4
5
6
7
8
9
ZIEHEN

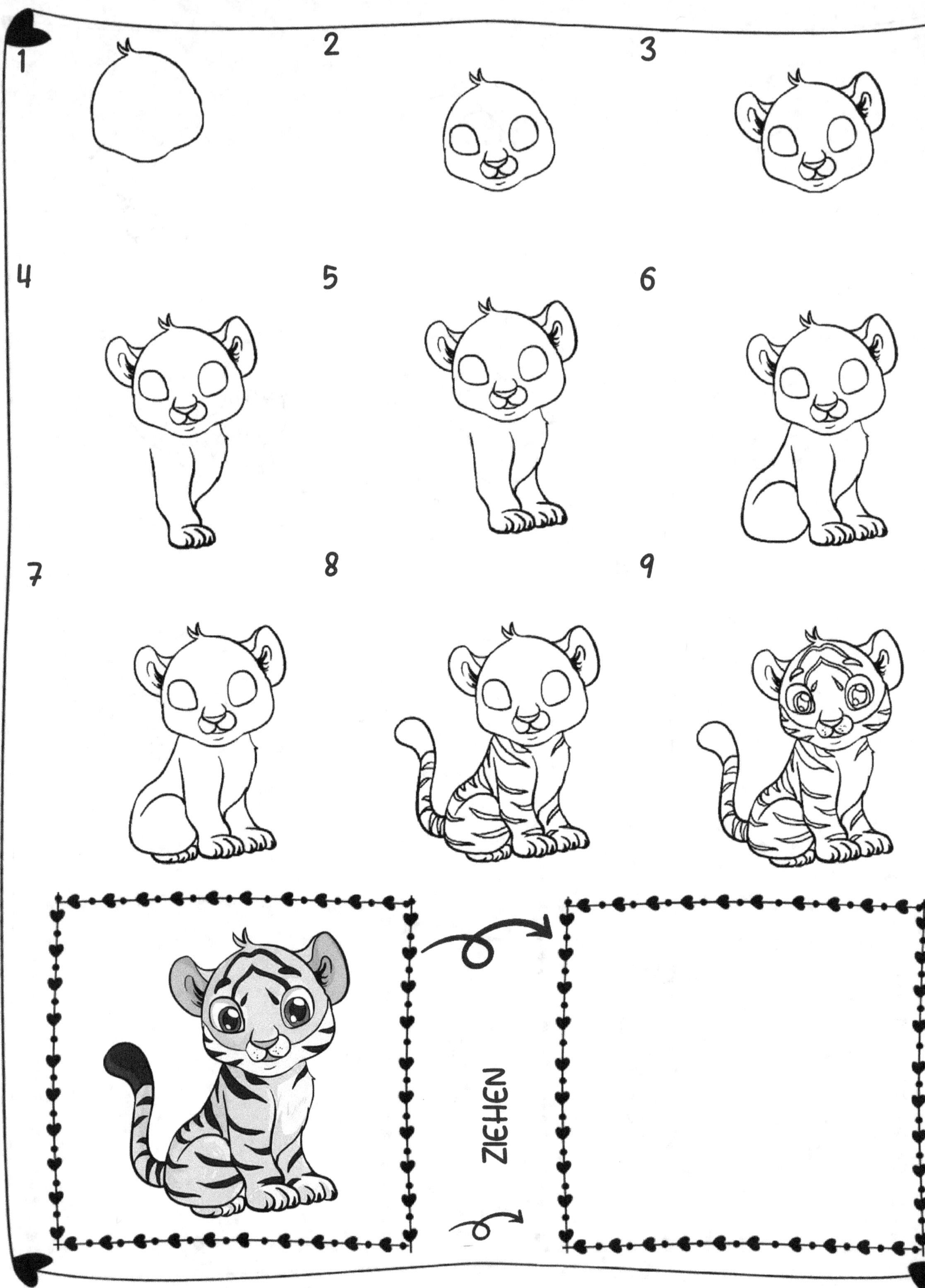

1
2
3
4
5
6
7
8
9
ZIEHEN

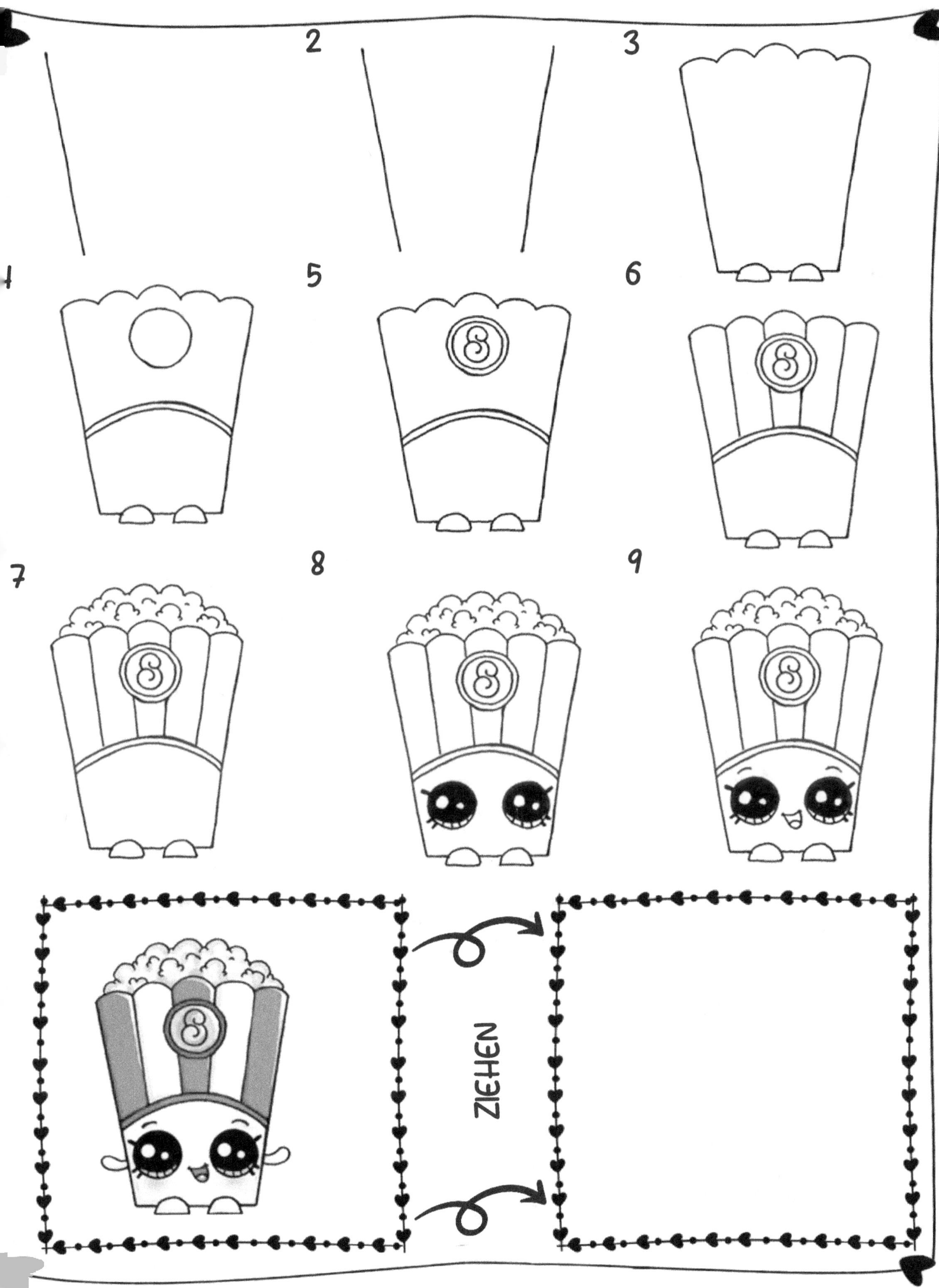

2
3
5
6
7
8
9
ZIEHEN

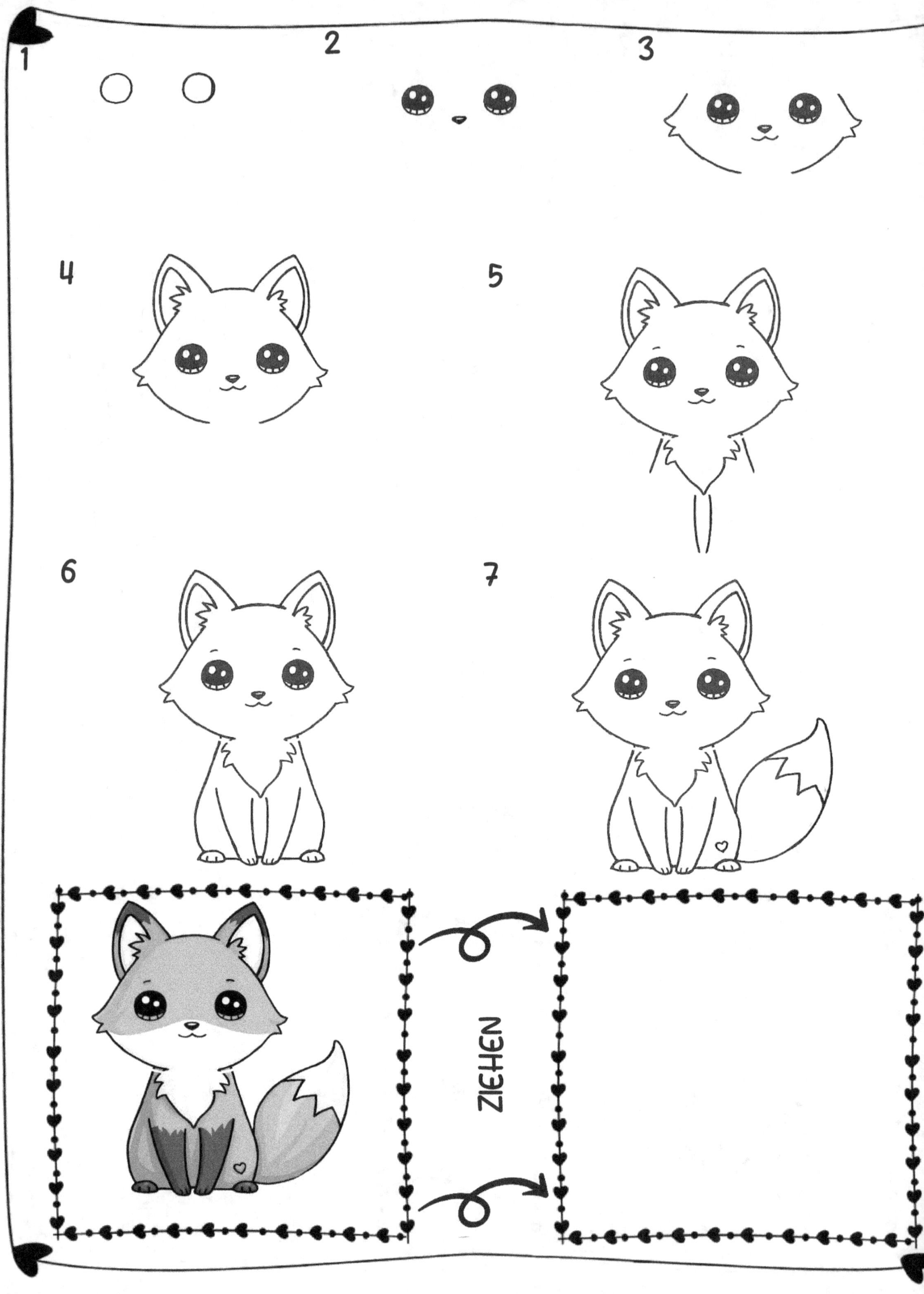
1
2
3
4
5
6
7
ZIEHEN

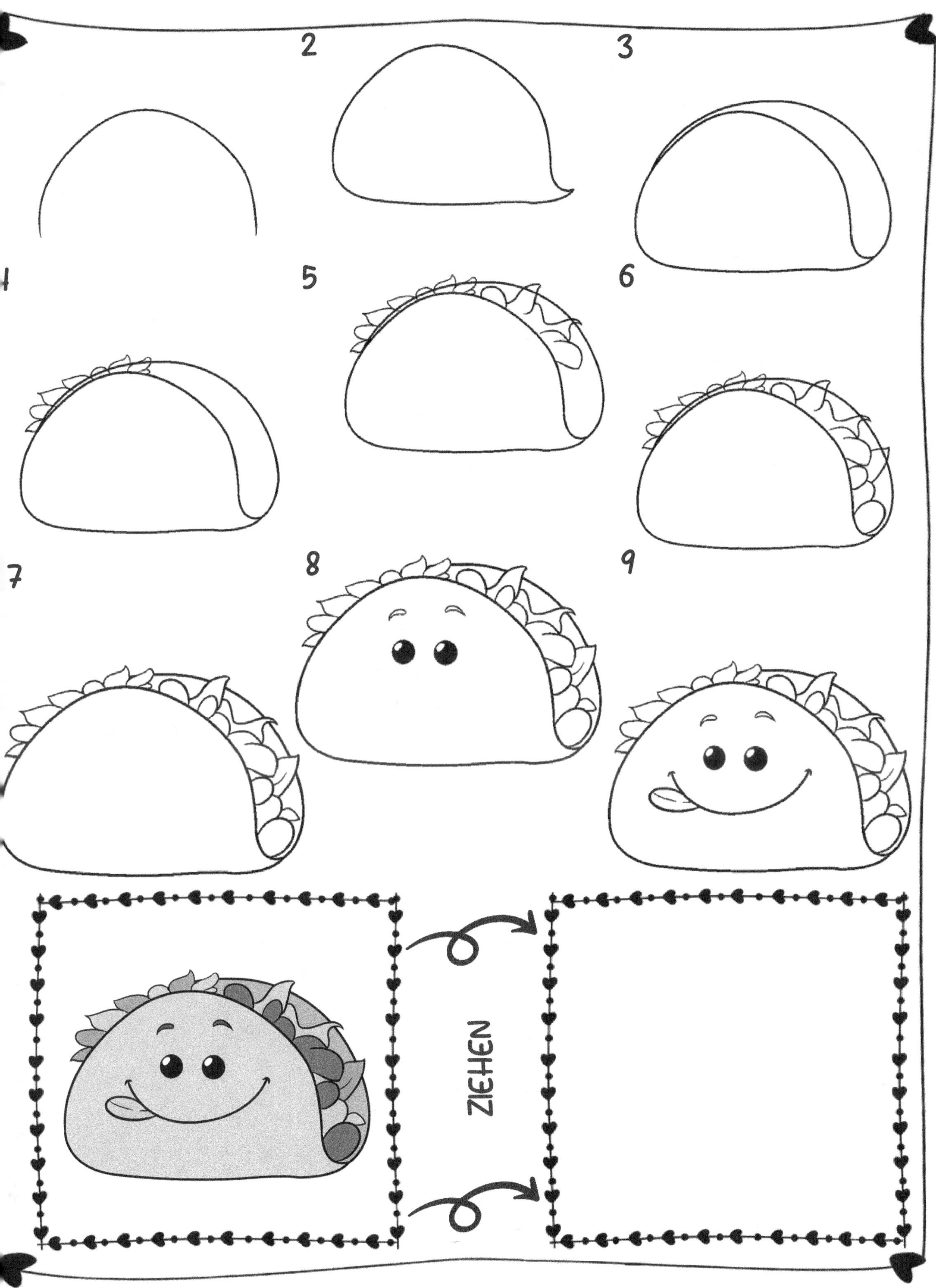

2
3
5
6
7
8
9
ZIEHEN

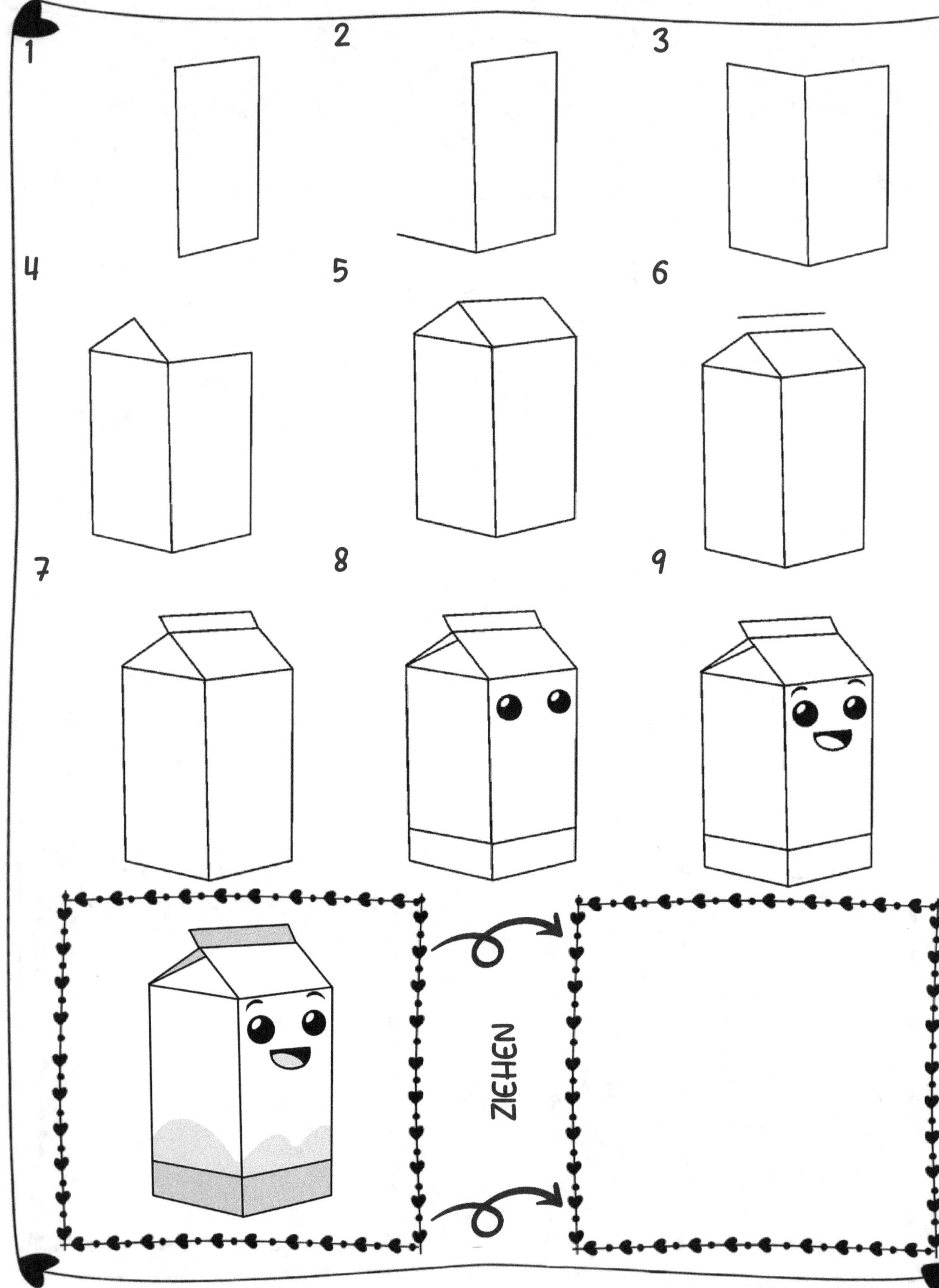

1
2
3
4
5
6
7
8
9
ZIEHEN

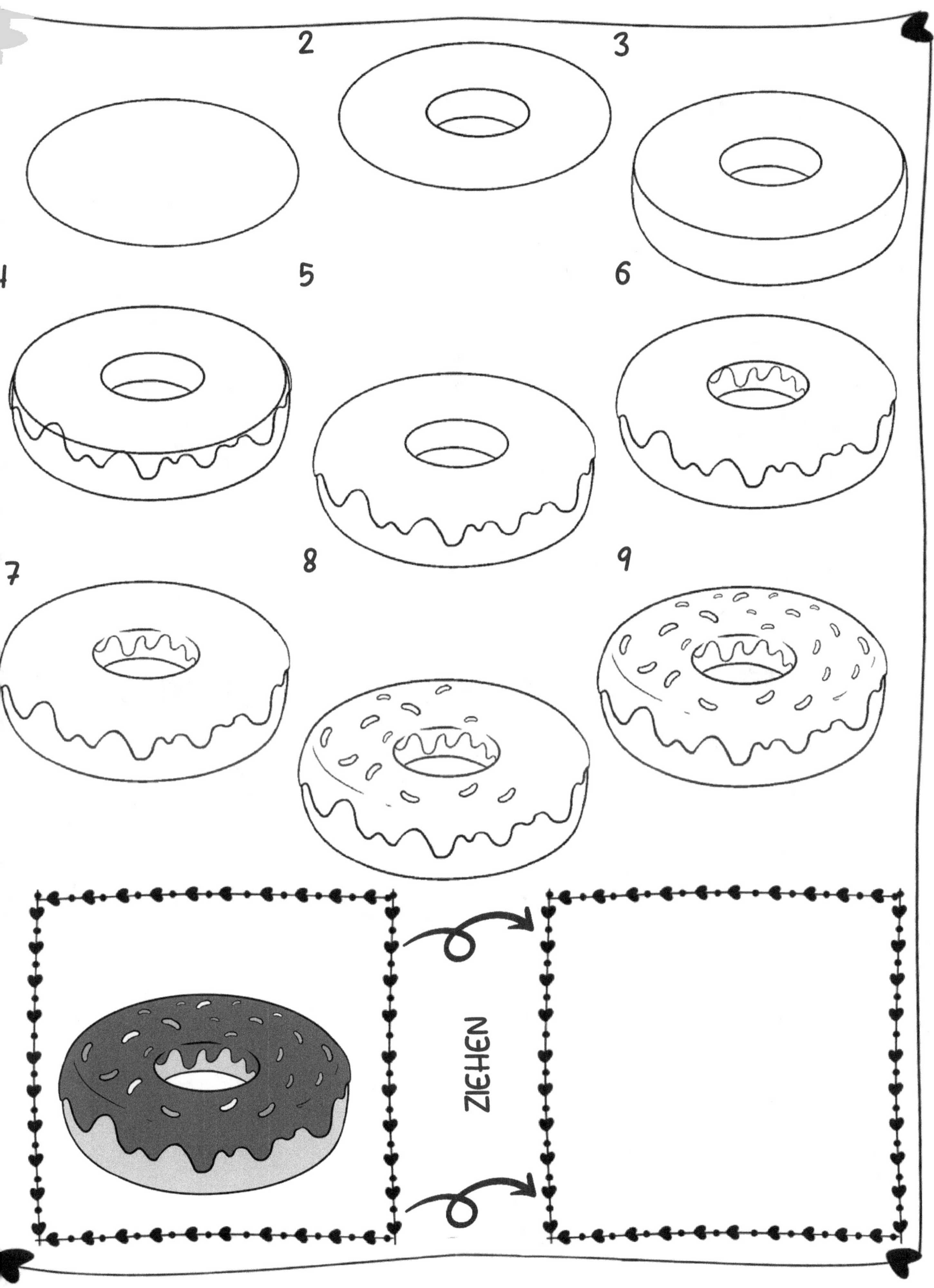

2
3
5
6
7
8
9
ZIEHEN

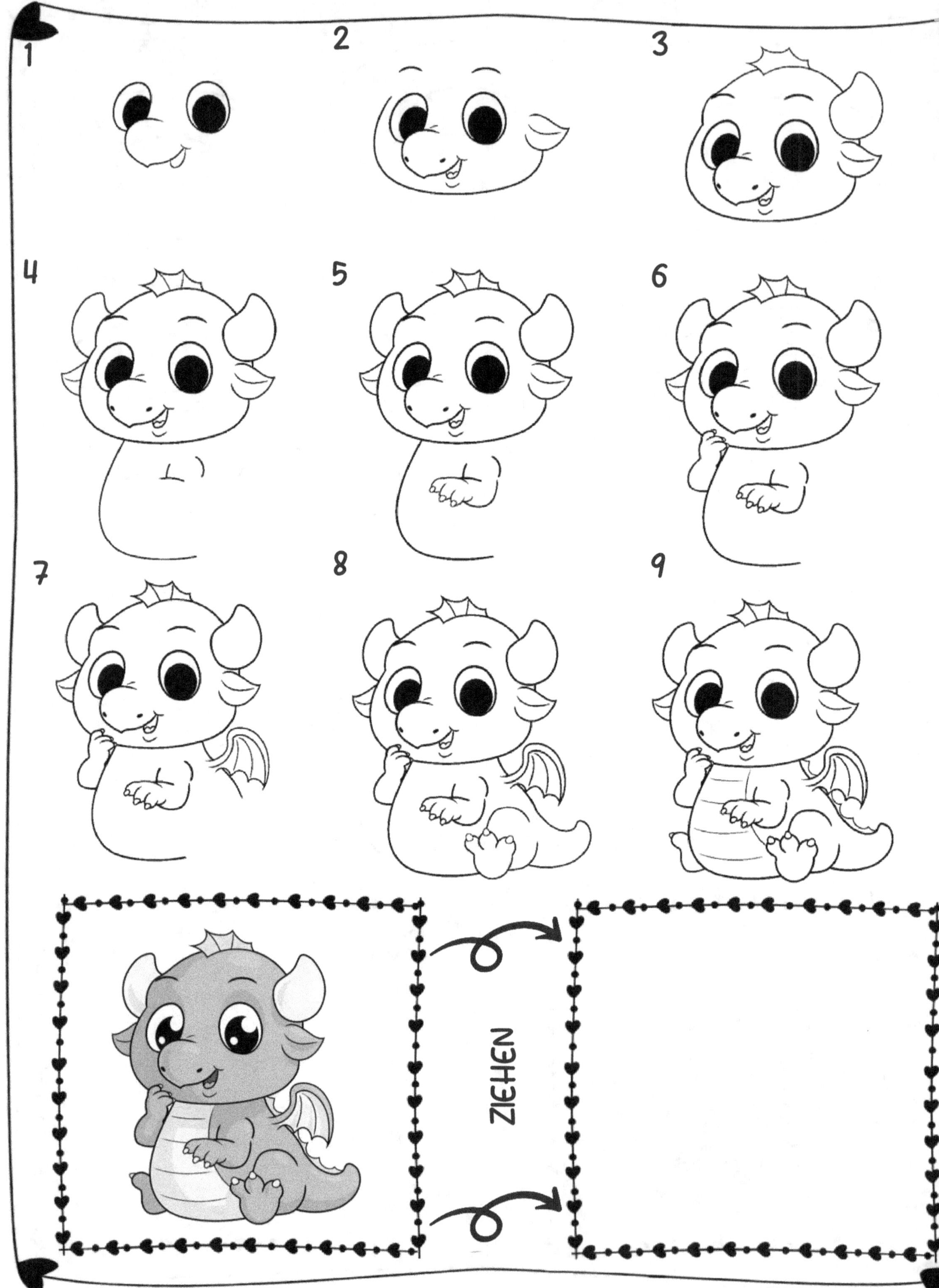

1
2
3
4
5
6
7
8
9
ZIEHEN

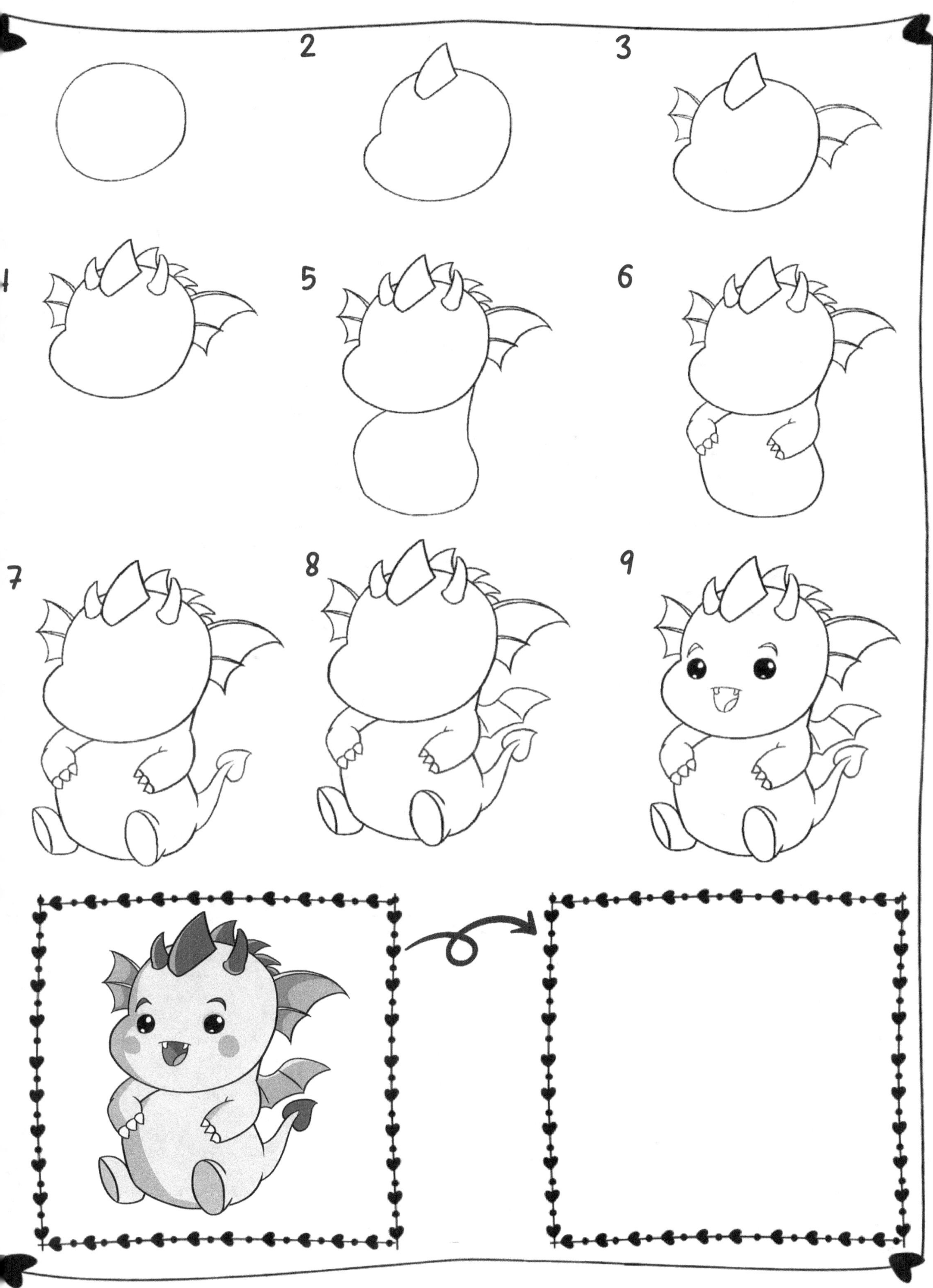

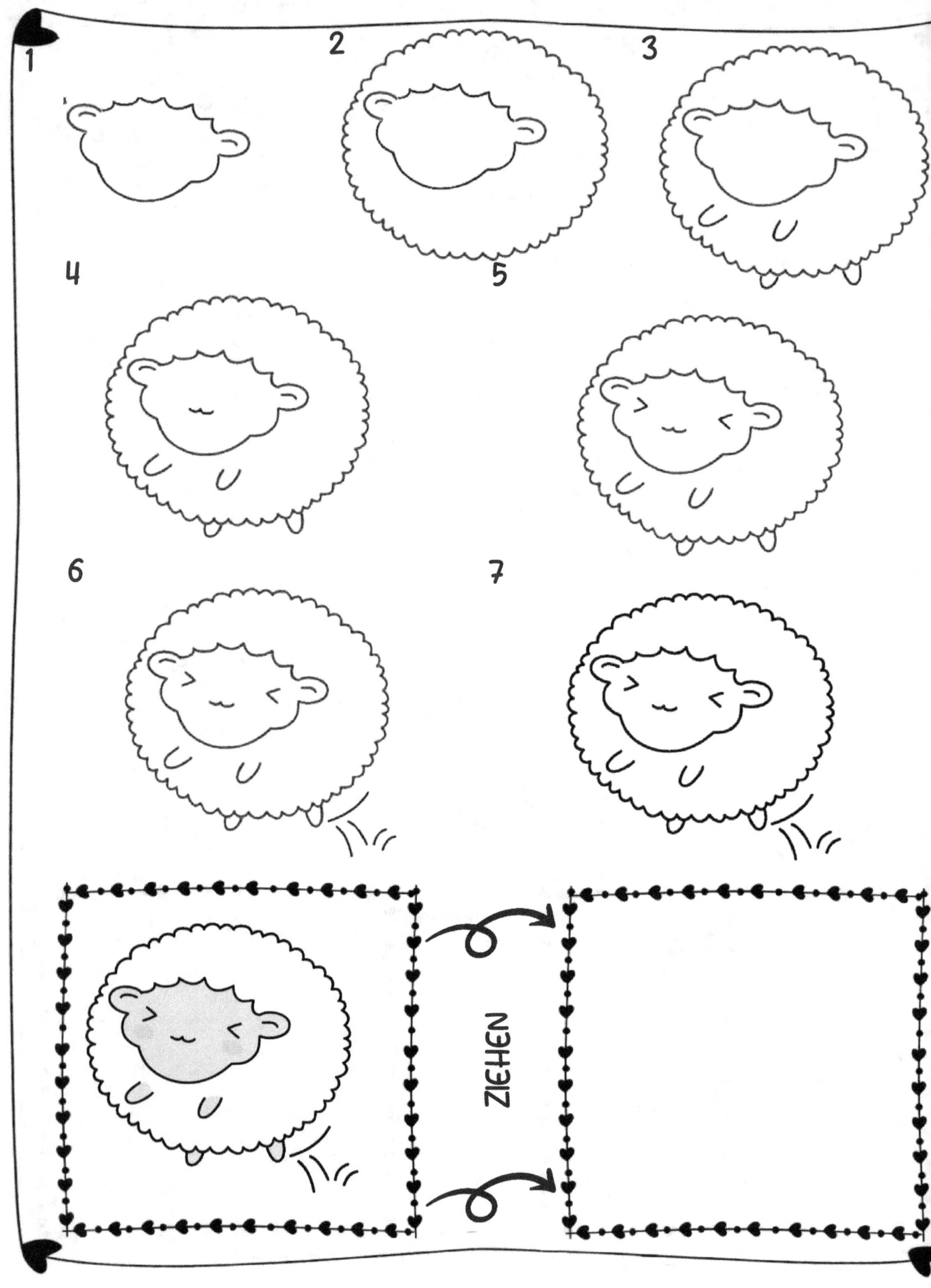

ZIEHEN

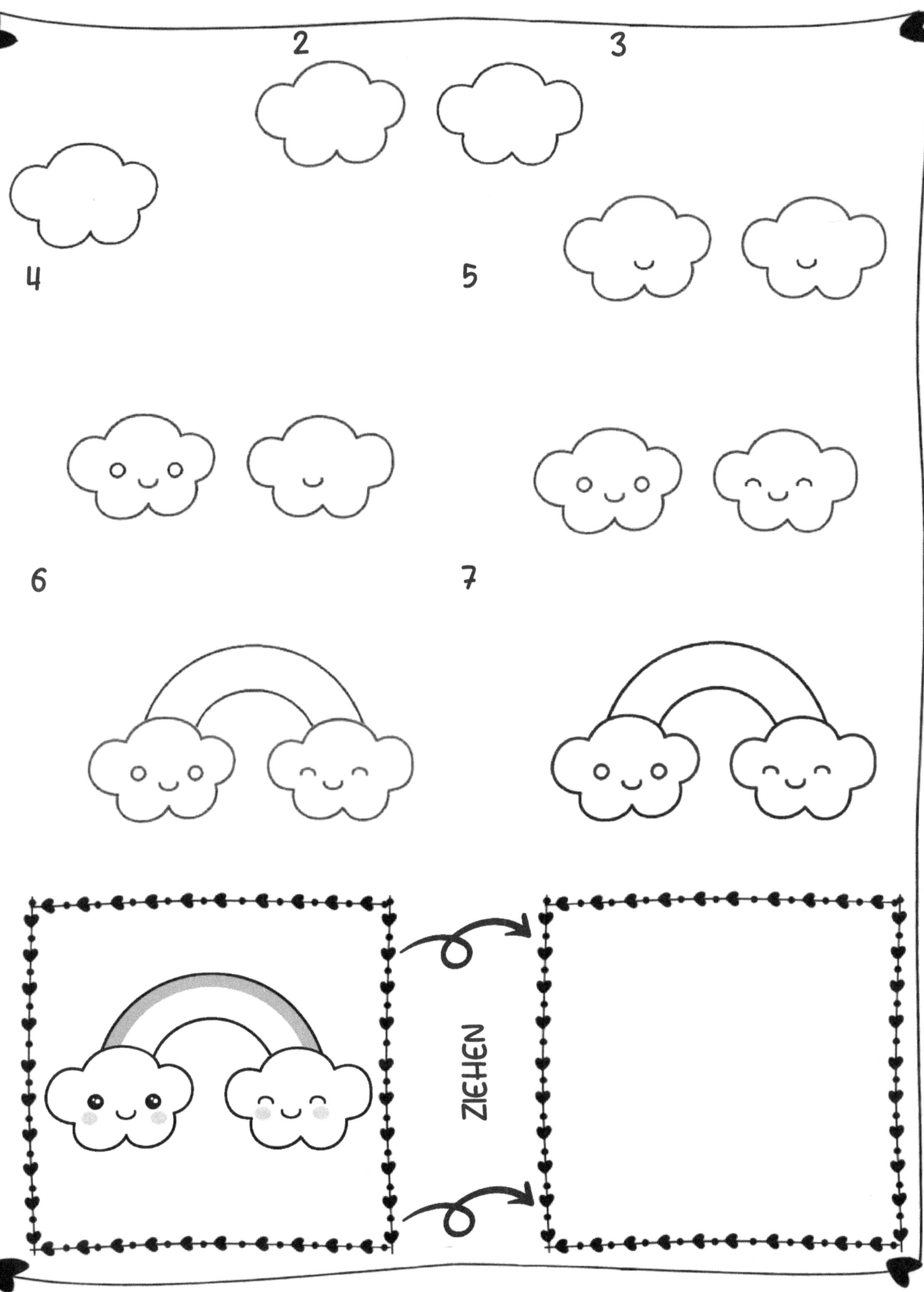

2
3
4
5
6
7
ZIEHEN

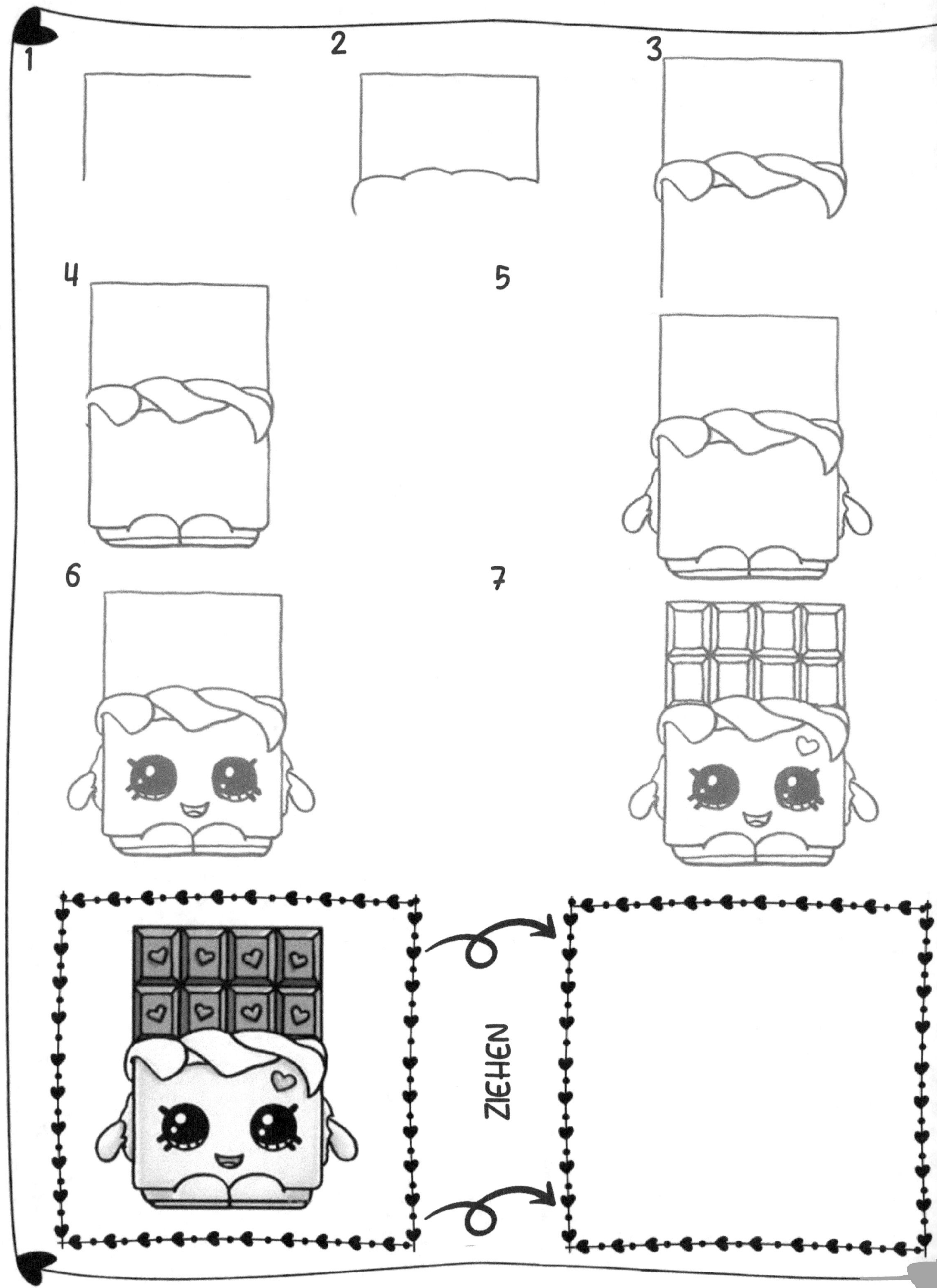

1
2
3
4
5
6
7
ZIEHEN

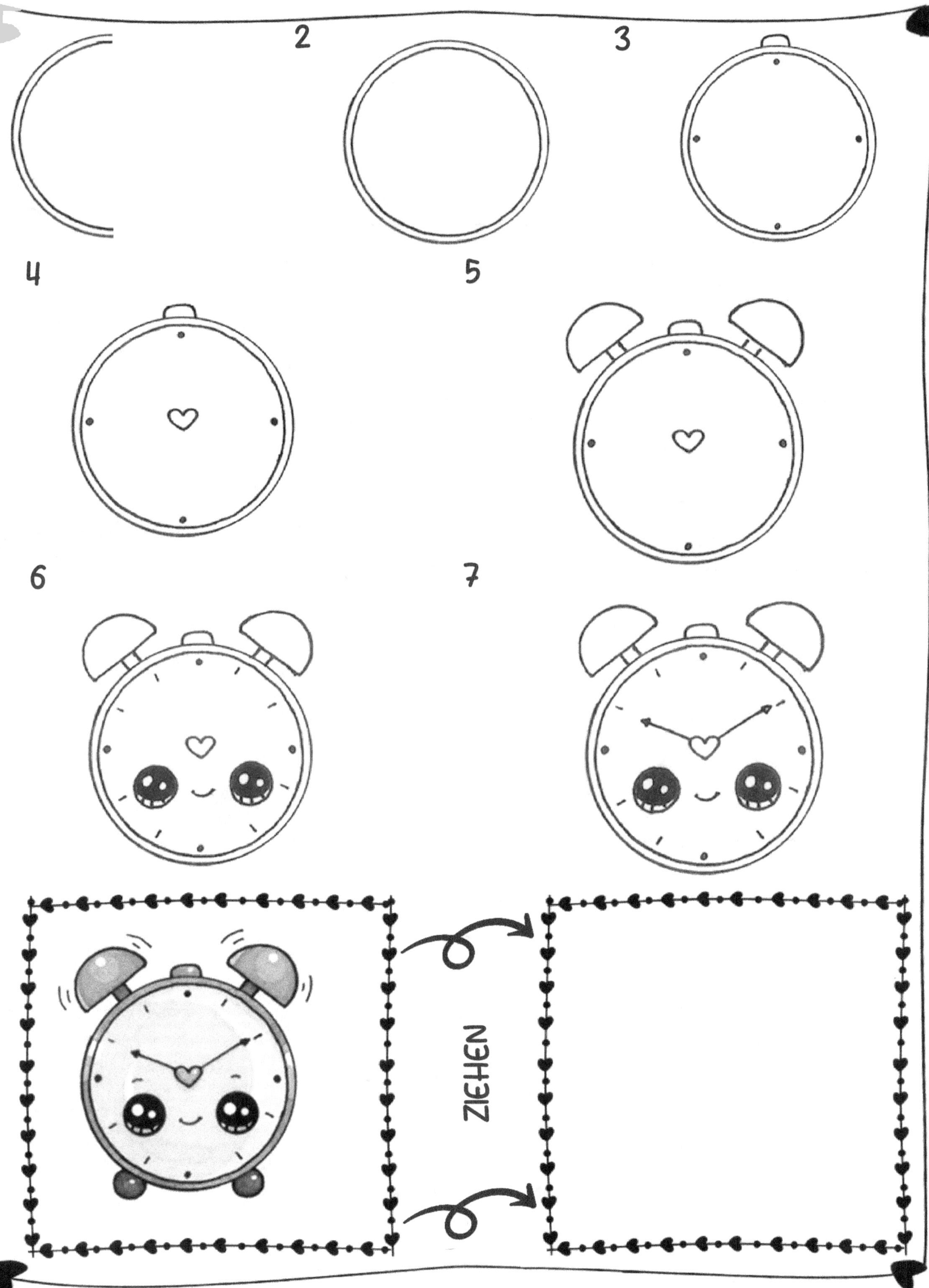

2
3
4
5
6
7
ZIEHEN

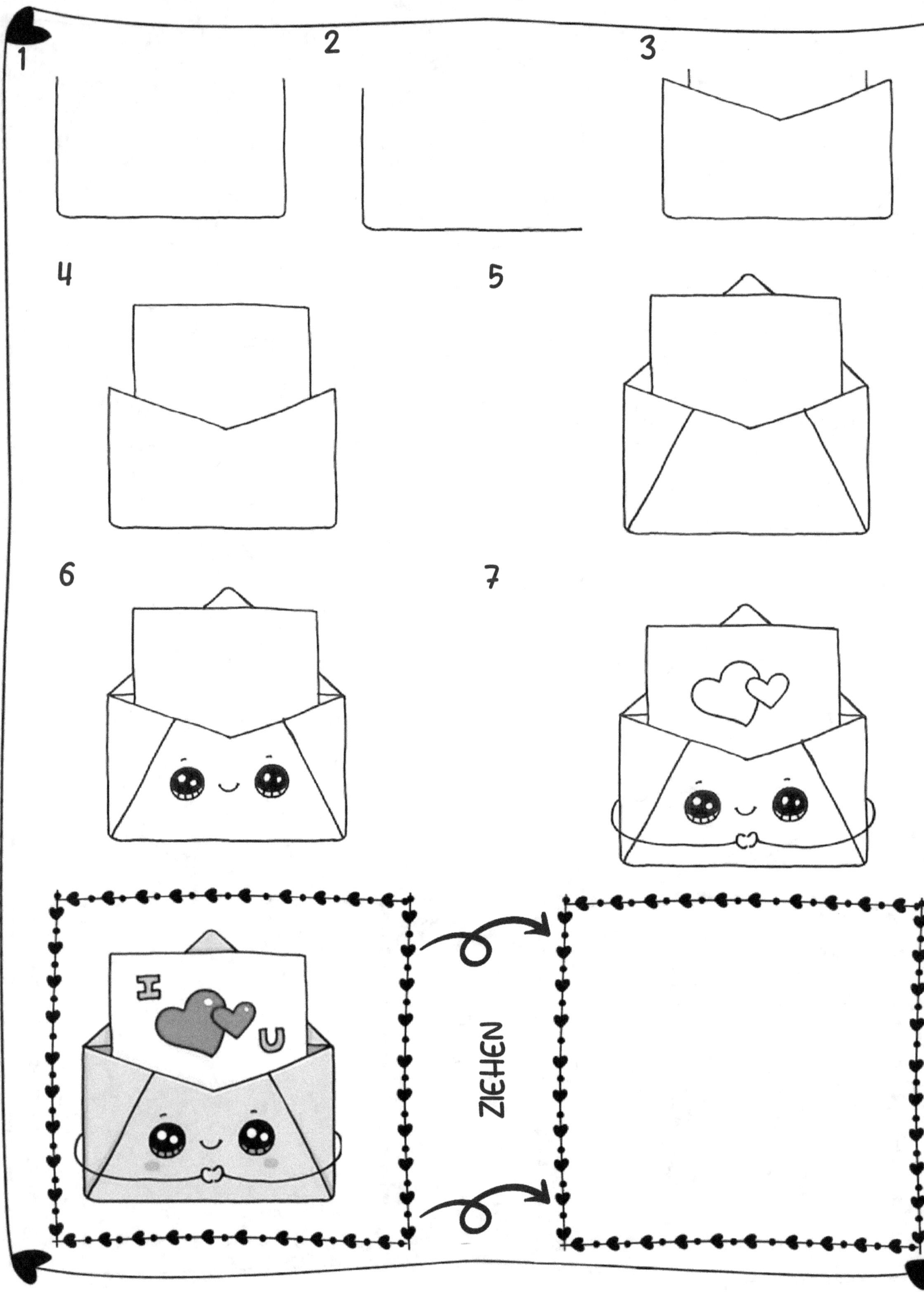

ZIEHEN

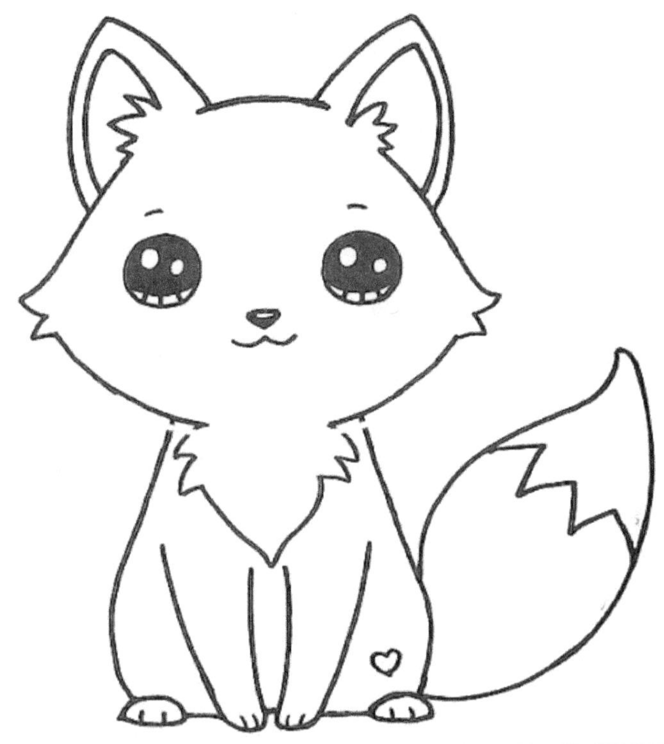

Vielen Dank, dass Sie sich fr dieses Buch entschieden haben. Wir hoffen, dass Ihnen jede Seite dieses Buches gefallen hat und Sie Schritt fr Schritt gelernt haben, wie man zeichnet und Ihre eigene Kunst schafft.

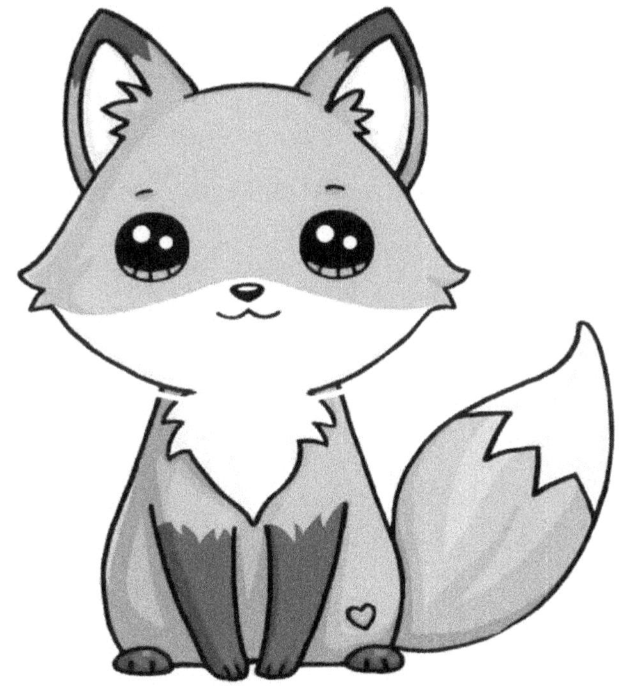